MUNU

Y Parchedig Gareth Thomas

Munudau Cyfiawnder

I gofio'r
Parchedig Gareth Thomas

1992

Argraffiad cyntaf — *1992*

ISBN 0 9519066 0 7

Dyluniwyd y Clawr gan Gareth Wyn Davies

Argraffwyd gan Wasg John Penry, Abertawe

Cynnwys

	tud.
Rhagair: *Heini Gruffudd*	7

PREGETHAU

Mae'r llew yn rhydd ac yn rhuo	10
Y Jiwbilî	15
Llun y Ffenestr Liw *(llun Tim Lewis)*	21

ANERCHIAD

Heddychiaeth a Chymru 1974	22

SGYRSIAU RADIO 30

Anerchiad i'r Pwyllgor Addysg	46
Penderfyniad Achos y Glowyr	49
Addysg Gymraeg yng Ngorllewin Morgannwg	52

TEYRNGEDAU

Gareth: *Cywydd Coffa gan Robat Powel*	
(llythrennu gan Ieuan Rees, Rhydaman)	58
Bro ei Febyd: *Dr. Gwynfor Evans*	60
Pytiau o'r Cambrian News *(Casglwyd gan Meinir Thomas)*	72
Teyrnged: *Dr. Gwilym ap Robert*	73
Golud Gwell na Golud Banc: *Y Parchg. W.J. Edwards*	74
Lewisham: *Y Parchg. A. Tudno Williams*	78
Ebeneser a Pheniel: *Gwyn Howells*	80
Emynau Priodas: *Y Parchg. T.A. Williams*	84
Hebron: *John H. Evans*	86
Teyrnged yr Ifanc: *Beti Wyn Davies*	93
Yr Ymgyrchwr: *Randolph Jenkins*	95
Y Graig yn Sownd o dan ei Draed:	
Y Parchg. Meurwyn Williams	98
Gŵr y Cryse Coch – Gŵr Dangos 'i Ochr: *Lyn T. Jones*	102
Gareth Thomas: *Y Parchg. Ddr. Vivian Jones*	104
Munudau o Gyfiawnder: *Heini Gruffudd*	110
Englynion Coffa: *D. Aled Gwyn*	111
Hebron: *Alaw gan Mari Watkin*	112

Diolch . . .

- am bob help i baratoi'r llyfr yma;
- i Aled Rhys Hughes, Arfon John a Tim Lewis am luniau;
- i Meurwyn Williams am ddethol;
- i Rhian Llywelyn am deipio;
- i'r Parchedig Dewi Myrddin Hughes am ddarllen y proflenni;
- i Heini Gruffudd am ei waith manwl yn ei baratoi i'r wasg.

ANNETTE THOMAS

Rhagair

Roedd hi'n hyfrydwch nabod un Gareth Thomas. Profiad cyfoethog oedd nabod dau neu dri, a gwyn fyd y sawl oedd yn nabod pump neu chwech. Achos dyna oedd e o leia: gwasgodd bump neu chwe bywyd i un oes fer.

Cofir amdano fel un o weinidogion mwyaf ymroddgar a goleuedig yr ardal, ac fel un o arweinwyr eofn y brwydro cyson dros addysg Gymraeg yng Ngorllewin Morgannwg. Bydd llawer yn colli ei gwmni, eraill ei ddawn a'i ddiddordeb ar y cae chwarae ac mewn afonydd. Roedd yn gyfaill pennaf i bawb a agorai ddrws iddo, ac yn gymwynaswr hawddgar. Yn hwyliog a chadarn, yn llawen a hyfryd o amharchus ar adegau, enynnai edmygedd a chyfeillgarwch ble bynnag yr âi, a pharch rhai nad oedd yn rhannu ei weledigaeth.

Yn ystod ei flynyddoedd olaf roedd yn gadeirydd llywodraethwyr Ysgol Gymraeg Lôn-las, Abertawe, a Chymdeithas y Rhieni ac Athrawon, yn is-gadeirydd llywodraethwyr Ysgol Gyfun Ystalyfera, yn aelod o Bwyllgor Addysg Gorllewin Morgannwg, ac yn weithgar gyda Mudiad Ysgolion Meithrin, Rhieni dros Addysg Gymraeg, Cymdeithas y Cymod a mudiadau eraill. Roedd ei ddyfalbarhad, ei allu i gyfathrebu, a chadernid ei weledigaeth yn ysbrydoli, ac roedd yn allweddol yn y frwydr i sefydlu Ysgol Gyfun Gŵyr mewn sir na fu'n enwog am ei chefnogaeth i addysg Gymraeg.

Roedd y dyrfa ryfeddol a ddaeth i'w goffáu, gan orlanw capel Hebron ac amlosgfa Treforys ddiwedd Mai 1989, yn arwydd bod yr ardal, a Chymru, wedi colli gŵr arbennig. Ei briod, Annette, ac Elin, Non a Dafydd, y plant, a'i deulu, wrth gwrs, sy'n diodde'r golled fwyaf.

Ymgais yw'r llyfryn hwn i gadw'r cof am Gareth yn fyw, nid nad oes unrhyw amheuaeth nad felly y bydd i bawb oedd yn ei nabod. Mae'r detholiad o'i bregethau a'i anerchiadau yn dangos yn glir ddyfnder ei argyhoeddiad Cristnogol, cymdeithasol a chenedlaethol. Mae'r teyrngedau iddo'n adlewyrchu'r frwdaniaeth a ddygai i bob maes a mudiad.

Carwn ddiolch ar ran Annette i bawb a gyfrannodd erthyglau a theyrngedau, ac i'r cyfnodolion am ganiatáu cyhoeddi rhai ohonynt. Diolch hefyd i Wasg John Penry am bob cydweithrediad wrth ddwyn y llyfr i olau dydd.

Annette yw prif ysgogydd y llyfr hwn, a hi sy'n mentro cost ei gyhoeddi. Rhennir unrhyw elw rhwng Tŷ Olwen, Cymorth Cristnogol a Hebron.

HEINI GRUFFUDD
Treforys.

PREGETHAU

ac

ANERCHIAD

Mae'r Llew yn Rhydd ac yn Rhuo

(Amos 9:14)

Ond atebodd Amos a dweud wrth Amaseia, 'Nid oeddwn i'n broffwyd nac yn fab i broffwyd chwaith, bugail oeddwn i a garddwr coed sycamor.'

Geiriau un o drigolion Tecoa – pentre bach yn ymyl Bethlehem, Juda yw geiriau'n testun. Un Amos – bugail tlawd a garddwr coed sycamor. Mae'r geiriau yn cael eu cyhoeddi ym Methel – 'cysegr y Brenin a theml y wladwriaeth', ac fe'u cyflwynir yn erbyn Israel.

'Gwrandewch y gair a lefarodd yr Arglwydd yn eich erbyn, bobl Israel,' medde Amos.

Pam y gair llym hwn yn erbyn pobl Israel? Jereboam oedd Brenin Israel ar y pryd hwn, a than ei frenhinaeth roedd y genedl wedi mwynhau cyfnod sylweddol o heddwch a ffyniant economaidd. Roedd economi Israel yn iach! 'Bouyant'. Ond doedd e ddim yn ffyniant roedd pawb yn ei fwynhau serch hynny.

'Roedd y dosbarth uwch yn ecsploitio'r tlawd yn ddigydwybod a diegwyddor, tra, ar yr un pryd, yn ysu am chwaneg o gyfoeth a ffyniant iddyn nhw eu hunain,' dyna sylw un esboniwr ar natur cymdeithas dydd Amos. Ond yn waeth byth, bu yna ymgais i gyfiawnhau'r ymgyfoethogi hwn o du'r ychydig breiniol ar dir a sail grefyddol. Yn eu crefydda – yn arbennig yn y deml ym Methel – dathlu hen draddodiadau yn eu gwyliau crefyddol dim ond er mwyn i Dduw arllwys mwy a mwy o fendithion arnyn nhw. Roedd eu cyfoeth iddyn nhw, yn arwydd sicr o sêl bendith Duw ar eu math o fyw.

Ond i'r bugail o Tecoa roedd agwedd ac arferion fel hyn yn anathema llwyr. Roedd y cyfoethogi ar draul y tlawd ac ymgais i gyfiawnhau hynny ar dir crefyddol – yn enw Duw – yn boen i'w enaid. O ganlyniad ymaflwyd yn y dyn syml hwn gan ddicter cyfiawn. Roedd yr anghyfiawnder a'r anghyfartaledd a rwygai'i wlad a'i bobl yn ofid calon iddo – yn faich ar ei enaid. A doedd gwagedd a ffalster addoli Bethel ond yn ychwanegu at y boen.

Ond cyfrifoldeb pwy oedd ymateb i'r anghyfiawnder a'r anghyfartaledd hwn? Beth am y Brenin – Jereboam? Llywodraeth y dydd? Oni ddylid fod wedi disgwyl gair o'r man hwnnw? Beth bynnag y disgwyl ni chafwyd yr un gair – yn wir roedd Jereboam ond yn ddigon parod i gynnal y statws quo.

Beth am yr offeiriadaeth – cynrychiolwyr swyddogol byd a bywyd crefyddol y dydd? Oni ddylid fod wedi disgwyl gair oddi wrthyn nhw? Beth bynnag y disgwyl ni chafwyd yr un gair – dim ond gair o gerydd i Amos. 'Dos ymaith,' medde Amaseia, offeiriad Bethel wrth Amos, 'Dos ymaith, ffo i wlad Juda, proffwyda yno.' Cer gartre – a gad ni'n llonydd.

Beth am yr elfen arall grefyddol – y cwlt proffwydol – oni ddylid fod wedi disgwyl gair oddi wrthyn nhw – o bawb! Dim gair. Y gwir amdani oedd nad oedd neb yn Israel yn rhydd i gyhoeddi a rhannu gair Duw â'r genedl. Roedd yr holl sianelau arferol i ddwyn y gair yn fyddar i'w genadwri – y Frenhiniaeth, yr offeiriadaeth a'r cwlt proffwydol. A'r eironi rhyfedd oedd hyn – roedd y gair yn eu dwylo – eto roedden nhw i gyd yn fyddar i'w genadwri.

'Run oedd condemniad Amos â chondemniad Jeremeia.

'Clywch hyn yn awr, bobl ynfyd ddi-ddeall, y mae ganddynt lygaid, ond ni welant; clustiau, ond ni chlywant.'

Ac wrth droi i'r Testament Newydd fe welwn Iesu'n dod wyneb yn wyneb â'r union un broblem â Nicodemus – 'a tithau yw Athro Israel; a wyt heb ddeall y pethau hyn.'

Mae Amos yn crynhoi argyfwng ei genedl mewn un darlun trawiadol. Dyma'r argyfwng. Mi roedd Gair Duw yn eu dwylo – roedd ganddyn nhw'r gyfraith a'r Torah – ond nid oedd ei wirionedd yn rym nac yn ddylanwad ar fywyd y genedl. Cydnabyddiaeth hollol nominal arwynebol diystyr oedd y gydnabyddiaeth.

Dyna'r argyfwng.

A'r darlun y mae Amos yn ei ddefnyddio i ddisgrifio'r argyfwng yw rhuadau'r llew. Mae gair yr Arglwydd medde Amos yn debyg i lew rhydd yn rhuo – pawb yn ei ofni ac yn ymateb i'w ruadau. Ond mi roedd y brenin, yr offeiriadaeth, y cwlt proffwydol wedi llwyddo i gaethiwo'r llew – roedd e'n ddiogel mewn caitsh. Roedd lle i ofni a pharchu'r llew pan yn rhydd – ond pan mewn caitsh – doedd dim i'w ofni. Roeddent wedi llwyddo i gaethiwo a dofi'r llew.

Neges ganolog Amos i'w ddydd oedd fod y llew eto'n rhydd. Ar waethaf pob ymdrech i'w gaethiwo a'i ddofi – roedd Gair Duw unwaith eto'n rhydd.
'Rhuodd y llew – pwy nid ofna.'
Llefarodd yr Arglwydd – 'Pwy all beidio proffwydo.'
'Run oedd condemniad Iesu o'i genhedlaeth.
'Gwae chwi ysgrifenyddion a Phariseaid, ragrithwyr, oherwydd yr ydych yn talu degwm o fintys ac anis a chwmin – ond gadawsoch bethau trymach y Gyfraith – cyfiawnder a thrugaredd a ffyddlondeb.'
Roedden nhw wedi llwyddo i gaethiwo a dofi'r llew – ond neges a chenadwri Iesu oedd ei fod e'n rhydd.
'Y mae'r gwynt yn chwythu lle y myn, ac yr wyt yn clywed ei sŵn, ond ni wyddost o ble mae'n dod nac i ble mae'n mynd.'
Y cwestiwn sy'n aros i'w ateb yw hwn. Pwy sy'n rhyddhau'r llew? Pa sianel, pa gyfrwng mae Duw yn ei ddefnyddio i rhyddhau ei Air eto er mwyn iddo fod yn rym ac yn ddylanwad ymhlith ei bobl?
Ai o du'r brenin – Jereboam – neu Herod neu Cesar y daw'r rhyddhau?
Ai o du'r offeiriadaeth – Amaseia – Annas, Caiaphas?
Ai o du'r cwlt proffwydol neu o gyfeiriad y Phariseaid neu'r ysgrifenyddion y daw'r rhyddhau?
Na, nid drwy un o'r cyfryngau hyn y daeth y rhyddhau – daeth o gyfeiriad hollol annisgwyl drwy enau un nad oedd yn broffwyd nac ychwaith yn fab i broffwyd – bugail tlawd a garddwr coed sycamor.
Nawr nid rhyw ffug ostyngeiddrwydd a barodd i Amos wneud y gosodiad hwn.
Mae John Marsh yn ei esboniad ar lyfr Amos yn dweud yn ddigon clir fod y dweud hwn yn un hollol dechnegol. Dweud mae Amos trwy'r geiriau hyn fod Duw am y tro wedi cydio mewn dyn cyffredin – dim llai – a bod yn rhaid iddo o'r herwydd siarad yn enw Duw.
Fe ryddhawyd Gair Duw drwy gyfrwng un o ddinasyddion tlawd cyffredin – a rhoi pob hynt iddo ruo ym Methel Israel wyth canrif cyn Crist.
Drwy enau un a aned mewn stabl am nad oedd iddo le mewn llety – un a fu'n ffoadur, un nad oedd ganddo le i roi ei ben i

lawr – er bod gan lwynogod eu ffeuau, adar y nefoedd eu nythod.
   Drwy gyfrwng un a'i dibrisiodd ei hun ac a gymerodd arno agwedd gwas y llefarodd Duw wrth Israel Herod.
   Dyhead a dymuniad Duw ym mhob oes ac ym mhob cenhedlaeth yw rhannu ei air gyda'i bobl. Ac mi rydym wedi cael ein hatgoffa o'r gwirionedd hwn mewn ffordd gofiadwy iawn yng Nghymru.
   Eleni, rydym yn dathlu derbyn cyfieithiad newydd o'r Beibl Cymraeg i'n dwylo. Be wnawn ni ag e? Beth fydd e i ni?
   Ai llew rhydd yn rhuo i beri arswyd a hawlio'n parch a'n hymateb llwyr fydd e? Ynte ai llew wedi'i ddofi mewn caits fydd e – yno er ein chwilfrydedd a'n diddanwch ni ond wedi ei ddihysbyddu o bob gwir awdurdod, grym a dylanwad.
   Mae gen i ofn ar adegau ein bod ni sy'n byw yn y Gorllewin Cristnogol wedi caethiwo'r llew – wedi caethiwo'r gair.
   Ei gaethiwo mewn llythyrenoliaeth afresymol ac unigolyddiaeth afiach.
   Ei gaethiwo mewn moderniaeth simsan ei sail a niwlog ei dehongliad.
   O hyd ac o hyd y mae Pab a Phrotestant yn y Gorllewin Cristnogol 'yn talu degwm o fintys ac anis a chwmin, ond yn gadael heibio bethau trymach y Gyfraith – cyfiawnder a thrugaredd a ffyddlondeb.'
   O ble felly y daw'r waredigaeth yn ein dydd ni – o ble y daw'r allwedd i agor y Gair eto?
   Ga i awgrymu'n garedig y daw o'r union fan ag y daeth yn nyddiau Amos ac yn nyddiau Iesu.
   Fe ddaw trwy gyfrwng y tlawd. Mae Duw heddiw yn llefaru mewn modd arbennig iawn trwyddynt. Daeth awel iach a bywyd newydd drwy eu gweinidogaeth wasanaethgar ddioddefus i'n herio ni.
   Trowch i gyfandir Affrica ac mae'r llew yn rhydd ac yn rhuo. Dyna paham y mae pobol fel yr Archesgob Tutu ac Alan Boesack yn proffwydo – ar waethaf gwrthwynebiad P.E. Botha!
   Trowch i gyfandir America Ladin ac mae'r llew yn rhydd ac yn rhuo. Dyna paham y mae pobl fel Leonardo Boff yn proffwydo ar waetha'r Pab!
   Trowch i gyfandir Asia ac mae'r llew yn rhydd ac yn rhuo. Dyna

paham y mae degau ar ben degau o Gristnogion yn canu mewn carcharau yn wyneb bygythiad cyson comiwnydd a chyfalafwr.

A wnawn ni wrando? Be fydd ein hymateb ni i genadwri'r tlawd – cenadwri a ddaw i ni mor glir a chyson heddiw? Ai fel Amaseia y byddwn?

'Dos ymaith – ffo i wlad Juda – proffwyda yno – ewch gartre – gadewch ni'n llonydd.'

Neu a ddywedwn ni gyda'r un dirmyg y bu i rai ddweud am Iesu:

'Pwy ma hwn yn gredu yw e – dim ond mab i dipyn o saer yw e wedi'r cwbwl.'

Os felly, yna fe gollwn gyfle gwych i ymglywed â'r Gair yn siarad â ni ac yn bywhau ynom. Yr hwn sydd ganddo glustiau i wrando gwrandawed beth y mae yr Ysbryd yn ei ddywedyd wrth yr Eglwys.

Pregeth Radio: 1988

Undeb yr Annibynwyr yng Nghaerdydd, Mehefin 1984

Y Jiwbilî

Y mae Ysbryd yr Arglwydd arnaf, oherwydd iddo f'eneinio i bregethu'r newydd da i dlodion. Y mae wedi f'anfon i gyhoeddi rhyddhad i garcharorion ac adferiad golwg i ddeillion, i beri i'r gorthrymedig gerdded yn rhydd, i gyhoeddi blwyddyn ffafr yr Arglwydd (Luc 4:18-19).

Felly y dechreuodd Iesu ei weinidogaeth gyhoeddus yn Nasareth, ac fe gofiwch iddi bron â methu cyn dechrau. Bwriad pawb yn y Synagog y bore hwnnw oedd lluchio Iesu dros glogwyn ar ael bryn yr adeiladwyd Nasareth arno a'i ladd. Pam? Beth gynddeiriogodd gymaint ar y gynulleidfa honno?

Fel y gwyddoch, dyfyniad o lyfr y proffwyd Eseia yw'r geiriau a lefarodd Iesu. Ond nid dyfyniad syml o un man mohono. Daw'r rhan helaethaf ohono o Eseia 61:1-2 ond fe rydd Iesu un cymal ychwanegol, sef 'i beri i'r gorthrymedig gerdded yn rhydd.' O Eseia 58:6 y daw'r dyfyniad hwn. Fe fynn rhai esbonwyr nad yw'r ffaith yma o unrhyw arwyddocâd o gwbwl. Mae eraill yn ceisio dweud fel hyn 'it is probably due to Christian exegetical activity!' Mewn geiriau syml, mae rhyw rai, ymhen amser, wedi'i wthio i mewn! Ychydig amser cyn sefyll ar ei draed yn y synagog yn Nasareth roedd Iesu wedi treulio deugain niwrnod yn yr anialwch yn paratoi ar gyfer y foment honno. Pan oedd Iesu'n dyfynnu, felly, roedd E'n sylweddoli'n iawn be 'roedd E'n ei wneud a'i ddweud. Roedd y cyfan yn hollol fwriadol. Daeth Iesu, yn ôl yr efengylwyr, i gyhoeddi'r Deyrnas ac y mae Luc yn cyflwyno Iesu i ni yn cyhoeddi'r Deyrnas honno mewn termau hollol neilltuol – termau Jiwbilî. Dyma ffordd fwriadol Iesu o gyflwyno'r hun ac o ddiffinio'i genhadaeth. Ac y mae cyfuno meddwl Eseia 58 a 61 yn ffordd Iesu o gyhoeddi hynny. Felly, yn nhermau ac ar batrwn gŵyl y Jiwbilî y mae cenhadaeth Iesu wedi'i sylfaenu. Os am wybod yn fanylach oblygiadau'r ŵyl honno trowch i lyfr Lefiticws, pennod 25. Peidiwch, er mwyn popeth, â throi i'ch silff lyfrau i chwilio am ryw hen lyfr emynau sydd ag enw tebyg nac

15

ychwaith ofyn i S4C am 'repeat'. Fydde dim bron ymhellach oddi wrth fwriadau Iesu.

A beth yw gŵyl y Jiwbilî felly? 'Y foment honno, unwaith bob hanner can mlynedd pryd y câi pob teulu a llwyth gyfle i ddechrau o'r newydd. Roedd yn gyfiawnder nid wedi'i seilio ar haeddiant neu deilyngdod, ond yn hytrach ar ras pur.'

Cyfle i ddechrau o'r newydd! Newyddion da yn wir! Fe gofiwch eiriau Iesu i Nicodemus mae'ŋ siŵr, 'oni chaiff dyn ei eni o'r newydd ni all weld Teyrnas Dduw'. Mae cyfle i ddechrau o'r newydd yn hollol sylfaenol i neges y Deyrnas. 'Sut y gall hyn fod?' oedd cwestiwn Nicodemus. Ateb Iesu oedd 'Ti yw athro Israel; a wyt ti heb ddeall y pethau hyn?' Awgrym Iesu yw fod anwybodaeth Nicodemus yn achos tristwch iddo.

Roedd y dechrau hon o'r newydd, yn ôl y Jiwbilî, yn amser i gywiro anghyfiawnder. Anghyfiawnder a oedd yn ganlyniad pechod, hunanoldeb, uchelgais afiach, y casglu o rym i ddwylo'r ychydig. Roedd yn gyfle i ddileu canlyniadau ffawd a gwendid dynol. Roedd yn gyfle i ailddosbarthu cyfoeth a thiroedd. Dyma ffordd Duw o ordeinio na fydd gan y cyfoethog hawl i fynd yn gyfoethocach na gweld y tlawd yn mynd yn dlotach. Pwrpas y Jiwbilî oedd cadw bywyd â'r modd i fyw i bawb, ac i effeithioli cyfiawnder Duw ymhlith Ei bobol. 'Yr wyf fi wedi dod er mwyn i ddynion gael bywyd a'i gael yn ei holl gyflawnder', dyna medd Iesu oedd pwrpas mawr ei fywyd. Cyflawnodd Iesu'r dasg honno drwy gyhoeddi dyfodiad y Deyrnas gan wisgo'i neges ar batrwm ac yn nillad y Jiwbilî gan mai hwn oedd yr unig batrwm digonol. A dyma un rheswm sylfaenol paham roedd y gynulleidfa yn Nasareth mor gynddeiriog. Dyma paham roedd yno'r awydd i ladd Iesu, y foment honno, a dyma paham y'i croeshoeliwyd Ef ymhen rhyw dair blynedd.

Mae angen gweledigaeth genhadol arnom ninnau hefyd yn ein hargyfwng presennol, gweledigaeth a fydd yn ddigon mawr i gwrdd â'r argyfwng hwn. Ond mae angen gweledigaeth arnom hefyd a fydd yn ddigon mawr i gofleidio holl addewidion yr efengyl.

Hyd y gwela' i, ar waethaf ein holl ymdrechion gyda'r Genhadaeth Gartref, 'rydym fel eglwysi yn parhau i din-droi yn y niwl a 'dyw gofyn i ni gefnogi ymgyrchoedd efengylu torfol ddim yn mynd i fod yn unrhyw gysur nac yn gymorth i ni chwaith yn y pen draw. Nid rhyw fympwy personol unllygeidiog rhagfarnllyd mo'r meddwl hwn chwaith.

Ga'i ddyfynnu geiriau diwinydd sydd wedi gadael cryn argraff arna'i? Athro yn yr Hen Destament yw Thomas Hanks yn Costa Rica. Dyma sylw o'i eiddo.

'Many evangelicals here have commented on the implications of the fact that, when one of our best evangelicals held a campaign a few years ago in Nicaragua, President Samoza gladly helped to defray the campaign costs. Such a fact, hardly isolated in Latin America, raises the suspicion that something has gone wrong with our comprehension of the gospel. When John the Baptist preached the good news of the kingdom he was imprisoned and beheaded. When Jesus preached the good news to the poor he was crucified. But when we preach our revised, apolitical version, dictators and tyrants are eager to help us cover the costs!'

Ond mae yna ffordd ymlaen. Ac y mae'r ffordd honno ynghlwm wrth ein parodrwydd ni i gyflwyno'n hunain ac i ddiffinio'n cenhadaeth yn union yn yr un termau â Iesu, sef ein bod yn cynnwys termau Jiwbilî yn ein cenhadaeth. Beth y mae hyn yn mynd i ddysgu i ni? Thomas Hanks eto: 'Rhaid i'n hefengylu, yn y goleuni newydd hwn gael ei drawsnewid (transformed). Ac yn hyn rwy'n ystyried cynnwys y neges yn gymaint â'r dulliau a ddefnyddir. Gwn y bydd llawer o hyn yn ymddangos yn newydd ac yn arswydus (shocking) i'r rhai hynny sy'n rhannu fy nghefndir ceidwadol i – ond hyn sydd raid.' Ac mi gredaf fod y sylw a'r deall yna o'r pwys mwyaf i ni heddiw yng Nghymru. Mae Dr. Mortimer Arias, sy'n athro Efengylu yn Claremont, California, yn awgrymu mai unig obaith gwir genhadu effeithiol parhaol yw dehongli neges Iesu yng ngoleuni dysgeidiaeth y Jiwbilî. Mae ei reswm dros ddweud hynny yn bwysig iawn. Mae'r model hwn yn dwyn y pegynau – pegynau sydd i laweroedd o bobl yn groes i'w gilydd – i undod. Daw'r Jiwbilî â gras Duw a gweithredu dyn at ei gilydd; daw â'r ysbrydol a'r cymdeithasol, daw â chyfiawnhad a chyfiawnder, at ei gilydd. Ystyriwch un hanesyn yng nghenhadaeth Iesu. Fe gofiwch gyfarfod rhyfedd Iesu â Sacheus yn Jerico a geiriau rhyfeddach fyth Iesu ar yr achlysur hwnnw, 'Heddiw y daeth iachawdwriaeth i'r tŷ hwn.'

Drwy'r weithred o dderbyn iachawdwriaeth fe brofodd Sacheus ras Duw, ysbryd newydd a derbyn cyfiawnhad. Pryd? Ar ôl iddo weithredu a hynny'n gymdeithasol gyfiawn. 'Dyma hanner fy eiddo, Syr, yn rhodd i'r tlodion; os mynnais arian ar gam gan neb, fe'i talaf yn ôl bedair gwaith.' Gyda'r act yma fe weithredodd Sacheus ofynion y Jiwbilî ac fe ddaeth yn un o blant y Deyrnas; fe'i hachubwyd. Un darlun arall, hanes barnu'r cenhedloedd yn efengyl Mathew. Pwy yw'r rhai sydd dan felltith yn ôl Iesu? Y rhai a wrthodod fara i'r newynog, dŵr i'r sychedig, y rhai prin eu croeso a'u caredigrwydd. Mewn geiriau eraill, y rhai a fynnodd gadw ar wahân ras Duw a gweithredu dyn, yr ysbrydol a'r cymdeithasol, y cyfiawnhad a'r cyfiawnder. Y dasg genhadol aruthrol sy'n ein haros ni fel enwad a chenedl yw diogelu'r cyfuniad hwn yn ein tystiolaeth.

Ond mae ffactor allweddol arall yng nghenhadaeth Iesu sy'n sylfaenol bwysig i ni ei hystyried. A'r ffactor honno yw'r tir y saif Iesu arno wrth gyflawni ei genhadaeth. Mae Luc yn ei gwneud yn hollol glir mai nid ar dir niwtral y safai Iesu. Mae i'w neges ymrwymiad pendant. Mae'n newydd da i dlodion, mae'n rhyddid i garcharorion, mae'n olwg i ddeillion, mae'n rhyddid i'r gorthrymedig. Pwy yw'r tlodion? 'The socio-economic group that made up most of Palestine's population in the first century.' Dyma'r bobol dlawd y ganed Iesu yn un ohonynt. Pwy yw'r carcharorion? Y meddwl a ddaw i ni yn syth yw mai troseddwyr (criminals) oeddynt. Ond yn nyddiau Iesu 'roedd hi'n arferiad cyffredin iawn i groeshoelio pob troseddwr yn hytrach na'i garcharu. Roedd carchardai dydd Iesu yn llawn o bobol a oedd mewn dyled. 'Debtors prisons' oedden nhw i bob pwrpas. Yn sylfaenol, tlodion oedd y carcharorion. Pwy yw'r deillion? 'Does ond angen i ni ddarllen hanes y dyn dall a eisteddai wrth ymyl y ffordd yn agos i Jerico yn cardota i sylweddoli mai un arall o'r tlodion oedd hwn eto. Ac mae'r deillion yn sicr yn cynrychioli'r llu afiach a adawyd i gardota neu farw'n ddiymgeledd. Tlodion ydynt i gyd. Ac ar y tir y safent hwy y pregethodd Iesu Ei newydd da. Mewn geiriau eraill, dyma i chwi haenen o fewn cymdeithas sydd nid yn unig yn bechaduriaid ond yn fwy arwyddocaol o lawer i lygad a chenhadaeth Iesu – dyma haenen o fewn y gymdeithas y pechwyd yn ei herbyn. Fe safodd Iesu, wrth gyhoeddi Ei newydd da, ysgwydd yn ysgwydd â'r haenen honno o gymdeithas y pechwyd yn ei herbyn. Ac yn y fan honno hefyd y mae'n rhaid i ninnau sefyll os yw'n cenhadaeth i fod o unrhyw arwyddocâd parhaol.

Ffenomen nid anghyffredin yn hanes y ddynolryw yw'r ffenomen yma. Bydd ambell enghraifft yn ddigon i'w hegluro. Dyma brofiad y dyn du yn Affrica adeg cyfnod caethwasanaeth; yr Indiaid Cochion yn America; yr Iddewon yn Ewrop yn ein canrif ni. A beth am ddod reit at ein stepen drws ein hunain. Beth am y Cymro Cymraeg? Fe erys y 'Welsh Not' yn sumbol o'r pechu a wnaed yn ein herbyn a'r pechu a wneir yn ein herbyn. Ac yn yr holl achosion hyn, a llu eraill cyffelyb, fe fu'r eglwys yn rhy dawel yn rhy hir hyd nes ei bod hi'n rhy hwyr. Golyga hyn anfudd-dod aruthrol o du'r eglwys i'w Sylfaenydd. Anufudd-dod sydd wedi peri i'r eglwys golli ei chyfle a'i chredinedd i laweroedd. Mae'n anufudd-dod sydd wedi golygu ei bod hi'n eglwys, ar lawer pryd ac mewn llawer lle, â gwaed diniwed ar ei dwylo. Mae'n anufudd-dod sydd wedi achosi poen, dioddefaint a dinistr yn hytrach na chyfryngau bywyd a hwnnw yn ei helaethrwydd.

Mae yna garfannau yn ein cymdeithas ni y pechwyd yn eu herbyn, ac un o'n tasgau cenhadol yw eu hadnabod a'u henwi, a sefyll ysgwydd yn ysgwydd â hwy i fod yn newydd da Duw iddynt. Ga'i fentro enwi dwy haenen – dwy o blith llawer mwy – i ddangos y dasg genhadol anferth sydd yn ein haros.

Yr haenen gyntaf yw honno sydd wedi colli gwaith, sydd mewn perygl o golli gwaith a'r rhai sydd heb obaith byth am waith. Mae'r haenen hon bellach ymhlith tlodion gwirioneddol ein cymdeithas fodern, heb obaith na chysur yn y byd ond bodoli fel Lasarus gornwydllyd yn gorwedd wrth ddrws Thatcheriaeth gyfalafol – ei unig ddiddanwch yw ceisio gwneud pryd o fwyd prin o'r nawddogaeth gyfoglyd o fach a ddaw o fwrs sy'n gweld yn dda i wario miliynau ar ben miliynau o bunnoedd i'n cadw mewn trefn hyd ddydd ein dinistr. Roedd gyda fi barch mawr i David Sheppard, esgob Lerpwl, fel cricedwr; mae'n haeddu'n parch heddiw fel Cristion sy'n ymdrechu'n ddewr i ymgodymu â dwyn newydd da Duw i un haenen o dlodion ein dydd.

Yr ail haenen yw honno sy'n rhan o'r gymdeithas Gymraeg.

Dyma haenen sydd wedi'i gormesu ers canrifoedd, wedi'i bwrw i lawr dro ar ôl tro, wedi'i siomi beunydd ac wedi'i hanwybyddu'n gyson. Rhaid iddi hithau hefyd geisio byw ar ychydig friwsion o'r Swyddfa Gymreig ar ôl i bawb arall gael eu digoni. Rhaid i'r eglwys sefyll ysgwydd yn ysgwydd â'r rhai hynny sy'n mynnu bywyd yn ei helaethrwydd i'n cenedl, a bod yn newydd da Duw iddynt.

Ac wrth fentro cerdded i'r yfory gyda'r gobaith hwn yn ein cynnal, rydym yn cael ein galw yn ôl Mortimer Arias 'to evoke, to provoke, and to try temporary and partial jubilees, "moments of justice", in the church and in society.'

Hyd y gwela'i, dyma'n cenhadaeth ni. Diogelu munudau o gyfiawnder – cyfiawnder Duw am ei bod hi nawr – heddiw – yn flwyddyn ffafr yr Arglwydd; yn ddydd Jiwbilî.

Y bregeth hon fu'n ysbrydoliaeth i Tim Lewis o Ynystawe gyda chymorth Colwyn Morris ac Ellen Kharade i lunio'r ffenestr liw. Fe'i gwnaed yn ei weithdy yn Nhreforys.

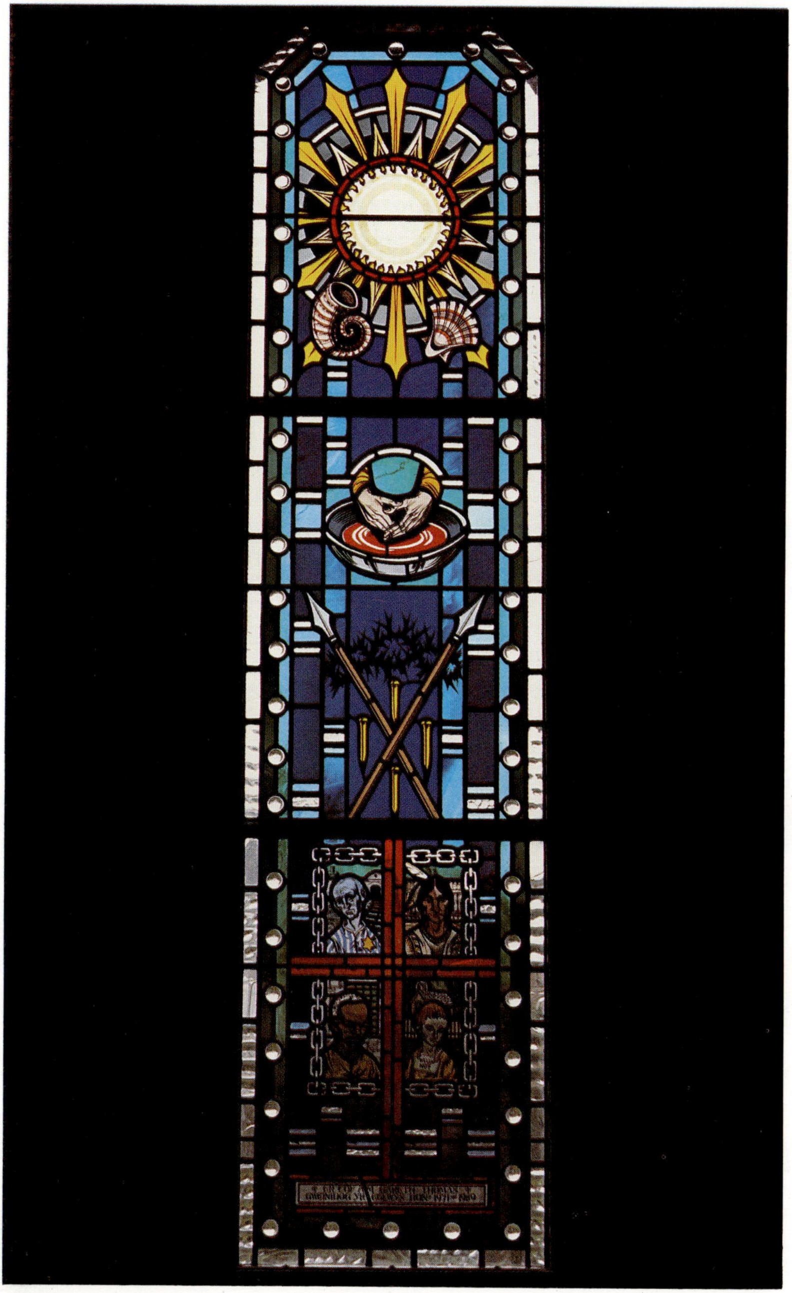

Heddychiaeth a Chymru 1974

Rydym yn ddyledus i'r Crynwyr am ein cyflwyno i'r meddwl heddychol yng Nghymru. Mae'r dechreuadau ynghlwm wrth berson un Joseph Tregelles Price – Crynwr o Gastell-nedd a oedd yn berchen gweithfeydd dur yno. Mewn cyfarfod yn Llundain gydag eraill o'r un bryd a meddwl sefydlwyd Cymdeithas Heddwch Llundain (The London Peace Society) yn 1816. Blwyddyn yn ddiweddarach yn 1817 fe welwyd sefydlu Cymdeithas Heddwch Abertawe a Chastell-nedd – The Swansea and Neath Peace Society, gyda'r Crynwr Joseph Price eto'n brif ysgogwr. Gydag ef yn y fenter roedd un Evan Rees, yntau hefyd o Gastell-nedd ac a fu'n ddiweddarach yn olygydd cylchgrawn y mudiad newydd, 'The Herald of Peace' am flynyddoedd. Mae cofnod o gyfarfod blynyddol cyntaf y gymdeithas yma i'w gael yn *Seren Gomer* a oedd dan olygyddiaeth Joseph Harris ar y pryd. Ond roedd y mudiad newydd yma y tu allan i feddwl cyffredin trwch y bobl yn yr eglwys a'r tu allan iddi. Roedd athrawiaeth y 'rhyfel cyfiawn' yn rhy gryf o lawer ymhlith Anglicanwyr a'r Ymneilltwyr fel ei gilydd. Ond dyma'r dechreuad.

Erbyn 1846 roedd olion datblygu i'w canfod yn eglur gan fod yna gymdeithasau heddwch yng Nghaerdydd, Merthyr, Abertawe, Castell-nedd a'r Fenni. Rhai o gymeriadau canolog y cyfnod oedd Joseph Price, Evan Rees, S.R., a Caledfryn a ddefnyddiodd *Seren Gomer* yn helaeth i'r pwrpas o genhadu. Yn y cyfnod hwn hefyd y daeth Henry Richard, Apostol Heddwch, i'r amlwg ac am flynyddoedd bu'n cyflawni gwaith aruthrol yn enw heddwch, a thros heddwch, nid yn unig ym Mhrydain ond yn Ewrop hefyd.

Rhwng y dechreuadau hyn a'r Rhyfel Mawr Cyntaf, cyson ond heb fod yn syfrdanol fu'r tyfiant. Ond gyda realiti'r rhyfel bu newid go sylfaenol ym meddyliau llaweroedd. Ac yn y cyfnod hwn y ganed Cymdeithas y Cymod. Cyfarfu tua chant o bobl yng Nghaergrawnt ym mis Rhagfyr 1914 ac allan o'r cyfarfod hwnnw penderfynwyd mynd ati o ddifri i gyflwyno'r safbwynt heddychol i'r werin. Roedd y cyfarfod hwn yn ffrwyth cyfamod rhwng dau ddyn yn arbennig – un yn Sais a'r llall yn Almaenwr. Wrth ymadael â'i gilydd ar orsaf Cologne yng Ngorffennaf yr un flwyddyn gwnaethant gyfamod fel hyn: rydym yn un yng Nghrist ac ni allwn fyth ryfela.

Cafodd y gymdeithas ddylanwad cryf yng Nghymru. Yn adroddiad cyntaf y Gymdeithas cofnodir hyn am y gweithgarwch yng Nghymru: 'In Wales the Fellowship is progressing rapidly.' Mae'r blynyddoedd sydd yn dilyn – yn arbennig y cyfnod hyd ddiwedd yr Ail Ryfel Mawr – yn un o'r cyfnodau mwyaf ffrwythlon a gweithgar yn hanes heddychiaeth yng Nghymru. Gyda Chymdeithas y Cymod gwelir Cymdeithasau Heddwch y gwahanol enwadau yn brigo a blodeuo, a gyda hyn daw ymdrech fawr Heddychwyr Cymru. Cyflwyna'r cyfnod yma rai o eneidiau a meddyliau anwylaf ein cenedl i ni a diolchwn heddiw i Dduw amdanynt ac am eu gwaith gorchestol. 'Does ond rhaid rhoi cipolwg ar lenyddiaeth y cyfnod i sylweddoli fod yna gyfoeth rhyfeddol wedi'i rannu y blynyddoedd hynny. Cofiwn, gyda llawenydd, na fu i Gymru werthu ei threftadaeth Gristionogol yn llwyr. Daliaf i gredu fod esiampl y cyfnod hwn yn her arbennig i ni heddiw a chyda hyn o ragymadrodd digon arwynebol o hanes heddychiaeth yng Nghymru symudaf at brif bwrpas yr anerchiad hwn.

Beth yw cyflwr y dystiolaeth arbennig hon heddiw yn ein gwlad?

Mae Heddychwyr Cymru wedi peidio â bod; mae'r Cymdeithasau Heddwch enwadol yn bod – ond dim ond mewn enw i bob pwrpas. Mae Cymdeithas y Cymod yn bod ond prin iawn, iawn yw'r diddordeb a bach yw'r gwaith.

Ac eto mae angen y meddwl heddychol ym 1974 gymaint os nad yn fwy nag mewn unrhyw gyfnod arall. Mae'r diddordeb bydlydan yn y pwnc yn fwy nag y bu erioed; mae mwy o astudio, ysgrifennu ac ymchwilio heddiw nag a fu erioed. Mae ystyriaethau economaidd ac ecolegol, datblygiadau gwyddonol a breuddwydion miloedd ar filoedd o bobl yn gorfodi edrych o ddifri ar y math yma o feddwl. Ond nid yw cyfraniad Cymru yn un i ymffrostio ynddo. Nid na fedrai hi wneud cyfraniad; mae'n argyhoeddiad dwfn gen i fod ganddi rywbeth arbennig iawn i'w ddweud ac i'w wneud yn y blynyddoedd nesaf hyn – os yw hi'n barod!

Pam mae angen Cymdeithas y Cymod gref, fyw, greadigol yng Nghymru ym 1974?

Oherwydd bod rhyfela o hyd a pharatoi rhyfela. Honnir yn gyffredinol nad yw'r dyn cyffredin yn ymateb i'r math yma o her heddiw am nad oes rhyfel yn ei orfodi i ymateb y naill ffordd neu'r llall. Ond mae'n ffaith fod yna'n agos i gant o ryfeloedd wedi bod yn y byd er 1945. Rhai ohonynt wedi arwain gwareiddiad i ymyl dinistr llwyr. Pob un ohonynt wedi achosi dioddefaint a difrod mawr. Dim ond un ohonynt wedi mynd i'r afael o ddifri â'r gwaith o greu daear newydd. Ond os nad ydym ni'n rhyfela'n uniongyrchol beth am y paratoi? Cyflwynaf rai ffeithiau i chwi am Gymru'n unig.

Mae gan y Weinyddiaeth Amddiffyn 42 o safleoedd yng Nghymru. Mae'r safleoedd hyn wedi'u rhannu rhwng y fyddin, y llu awyr a'r llynges. Mae ganddi hefyd safleoedd arbrofi arfau newydd (Joint Services Proof and Experimental Establishments). Fe ddefnyddir dros hanner can mil o aceri o dir Cymru gan y safleoedd hyn a dibynna rhai miloedd o boblogaeth ein gwlad arnynt am eu bywoliaeth. Yn ei adroddiad cymharol ddiweddar fe ddywed pwyllgor yr Arglwydd Nugent a fu'n ymchwilio'n fanwl i mewn i anghenion y Weinyddiaeth Amddiffyn, 'The pressures tending towards an increase in land requirements continue to grow.' Cafwyd arwyddion o hynny adeg brwydr Cefn Sidan, ac mae dyfodol rhai tiroedd yn Sir Benfro eto wedi ei beryglu heb sôn am arfordir Bae Ceredigion. Os nad ydym yn rhyfela rydym yn paratoi i ryfela. Ac yn y cyswllt hwn rhaid ystyried yn ddifrifol y fasnach arfau. Dyma ran o'n heconomi na fyddwn yn clywed llawer amdani, ond sydd yn hynod bwysig. Mae'r Arglwydd Carrington a Desmond Healy yn eu dydd wedi datgan pwysigrwydd a gwerth y fasnach hon i'n 'Balance of Payments' ni fel gwlad. Daw allforio arfau â thua 500 miliwn o bunnoedd i goffrau Prydain bob blwyddyn. Os credwn fod allforio arfau yn anfoesol, y ffaith fwy dieflig byth yw ein bod yn allforio arfau sydd 'out of date' ac yn ddiwerth i'n pwrpas ni i wledydd newydd y byd, er mwyn iddynt hwy gael rhyw ffug sumbolau o rym ar eu strydoedd. Ac fe ddigwydd y cyfan gyda'n caniatâd ni. Mae'r canlyniadau economaidd ar y gwledydd hyn yn ddinistriol dros ben. Tra pesgwn ni fe newynant hwythau.

Bellach nid yw'n ddigon i ni wrthwynebu a phrotestio yn erbyn yr holl baratoi a'r masnachu hyn. Rhaid parhau i wneud

hynny, wrth gwrs, ond rhaid hefyd fynd ymhellach.
    Mae gweledigaeth Micah yn parhau i'n herio i droi'r cleddyfau yn sychau a'r gwaywffyn yn bladuriau. Mae gwaith arbennig o fawr i'w gyflawni i'r cyfeiriad hwn yn unig.
    Ond nid i'r cyfeiriad yma'n unig y'n gelwir ni i ymateb iddo heddiw. Mae'r gri am gymod wedi ehangu yn fawr oherwydd fod ein deall o gymeriad grym a thrais wedi ehangu. Mae'r chwyldro, ac nid yw lai na hynny, yn siŵr o fod yn hannu o frwydr fawr y Mahatma o'r India – Gandhi. Rydym bellach yn sylweddoli fod yna drais uniongyrchol agored megis rhyfel a thrais anuniongyrchol sydd â'i effaith yr un mor andwyol os nad mwy. Brysiaf i roi enghreifftiau.
    Yn eu llyfr 'Black Power' mae Stobley Carmichael a Charles Hamilton yn ei ddangos fel hyn yng nghymdeithas America. Mae rhai, meddent, yn bomio eglwysi'r Negro, yn lladd bywyd, a distrywio eiddo'r dyn du yn agored. Mae eraill yn condemnio'r bom, heb fod yn llofruddion nac ychwaith yn fandaliaid ond eto yn byw mewn ardaloedd sydd ond i'r dyn gwyn yn unig, yn perthyn i eglwysi'r gwyn, i undebau llafur y gwyn, ac yn dilyn arferion oddi mewn i ddiwydiant sydd er budd y dyn gwyn yn unig. Ac mae'r trais a'r gormes hynny yn gymaint o elyn i'r dyn du â'r llall.
    Mae Colin Morris yn ei lyfr pryfoclyd, *Unyoung, uncoloured, unpoor,* yn gwneud gosodiad fel hyn, 'to starve people is violence, to rob them of their dignity and self-respect is violence, to deny them their political rights or discriminate against them is violence.' Brysiaf i ddweud mai siarad am wledydd Affrica mae e yn y cyswllt hwn, ac mae'r gormes a'r trais i'w canfod ac yn cael eu gweithredu trwy gyfrwng y gyfundrefn.

Trais cyfundrefnol

    Mae'r Ffrancwr o Farcsiad, René Cruse yn barod i fynd mor bell â honni fod trais cyfundrefnol yn gyfrifol am fwy o fywydau na'r un agored uniongyrchol. Gwna gymhariaeth fel hyn i ddangos ei bwynt: mae Ewropeaid a'u gobeithion byw (life expectancy) yn 70 o flynyddoedd tra bod gobeithion byw pobl Asia yn hanner hynny. Honna ef fod cyfundrefn dreisiol yn cymryd deng mlynedd ar hugain o fywyd pob Asiad. A'r drasiedi yw, medd René Cruse, ein bod ni yn hollol fodlon ar y gyfundrefn hon.

Ond mae rhai pobl bellach yn barod i herio'r gyfundrefn a'i herio mewn ffordd newydd – nid gyda thrais, ei harf ei hun, ond yn ddi-drais. Mae'r cynnydd yn y gredo ddi-drais yn fyd lydan. Mae'r Eglwys yn cydnabod ei lle bellach fel cyfrwng gweithredu posibl. Mae'r United Reformed Church wedi cyhoeddi adroddiad pwysig yn ddiweddar, 'Non-Violent Action'. Mae Eglwys yr Alban yn prysur edrych ar ei safbywnt traddodiadol at ryfel a thrais, ac fe fu i Gyngor Eglwysi'r Byd gynnal symposiwm yng Nghaerdydd beth amser yn ôl i drafod y pwnc a chasglwyd meddyliau gorau'r byd i'r gynhadledd. Ymhlith y cynrychiolwyr yno roedd Americanwr o'r enw Gene Sharp – o bosibl yr arbenigwr ar hyn o bryd ym myd astudiaethau di-drais. Mae cyfrol swmpus o'i eiddo newydd ei chyhoeddi o'r enw *The Politics of Non-Violent Action*. Mae'r gwaith hwn yn cael ei gydnabod gan y militarydd hyd yn oed fel 'a monumental piece of work. It does not seem too unrealistic that non-violent action would or should be one of the options within a nation's defence policy.' Mae prifysgolion ar y Cyfandir ac yn America wedi sefydlu cadeiriau arbennig yn y pwnc hwn ac y mae cadair mewn Astudiaethau Di-drais bellach ym mhrifysgol Bradford. Ond Cymru? Ni sydd wedi rhoi arweiniad a gwneud y fath gyfraniad creadigol yn y gorffennol bellach heb fawr ddim i'w ddweud. Ond nid yw'n llais yn hollol ddistaw chwaith, oherwydd fe fu Cymdeithas y Cymod yn gyfrwng cyflwyno un ddogfen sy'n hynod bwysig yn arbennig i ni fel Cymry. Traddodwyd darlith Goffa Alex Wood yng Nghaerdydd y llynedd a'r darlithydd oedd y Dr. Gwynfor Evans. Testun ei ddarlith oedd 'Cenedlaetholdeb Di-drais'. Mae ei honiad sylfaenol i'w ganfod yn y dyfyniad hwn, 'Efallai mai ychydig o drais corfforol a ddioddefodd Cymru yn y canrifoedd diwethaf hyn; ond bu'r difrod a achoswyd gan drais seicolegol a chyfundrefnol yn eang. Bu'r Cymry yn rhyfeddol o ddall na welsant eu bodolaeth genedlaethol yn cael ei pheryglu gan drais – er nad trais corfforol mohono.' Nid ef yn unig sy'n credu hyn bellach ond mae mwy a mwy yn dod i'r un farn ag ef ac yn galw am newid. Does dim amheuaeth nad yw adroddiad Kilbrandon yn gydnabyddiaeth fod yna angen newid ar y gyfundrefn. Mae Cymdeithas

Gwrthdystio ym Mreudeth, Mehefin 29, 1986. Parchedigion Gerwyn Jones, Dewi Thomas, Aled ap Gwynedd, Rhodri Glyn Thomas, F.M. Jones gyda Gareth ac eraill.

yr Iaith yn credu hynny; mae Adfer yn credu hynny ac yn prysur fynd ati i sicrhau fod Cymru'n parhau yn Gymru ac nid yn atodiad sâl i Loegr. Mae sefyllfa fel hon yn llawn tensiwn a thyndra parhaus sydd yn galw am ddeialog ac addysgu parhaus. Mae'r Eglwys i raddau helaeth yn gwrthod bod yn llwyfan ac yn gyfrwng cymod er bod ei phrif lysoedd a'i chymanfaoedd wedi datgan yn ddigon clir dros y blynyddoedd eu safbwyntiau. Gall Cymdeithas y Cymod gref yng Nghymru, sydd yn adnabod Cymru, wedi'i gwreiddio yn nhir Cymru i wasanaethu Cymru wneud cyfraniad tyngedfennol i ddyfodol ein cenedl ni. Ac nid yn unig i ni ond gall y gwersi a ddysgir yng Nghymru fod yn gymorth ac yn arweiniad i wledydd a phobloedd eraill sydd mewn cyflwr cymharol.

Wrth gloi ei anerchiad 'Y Pethau nid Ydynt' o gadair Undeb yr Annibynwyr y llynedd fe fynegodd y Prifathro Pennar Davies ei freuddwyd bersonol.

'Mae gen innau freuddwyd; y bydd ein Cymru ni, a'i phobl yn rhydd a'i hiaith mewn urddas a bri, yn llefaru wrth y cenhedloedd ac yn eu cymell i fentro gyda hi i ddilyn Iesu ar hyd ffordd tangnefedd.'

Gwae ni os breuddwyd yn unig fydd hon.

(Traddodwyd yr anerchiad yma yng nghyfarfod cyntaf Cymdeithas y Cymod yng Nghymru ar ôl y datgysylltu, yn Seion, Baker Street, Aberystwyth).

SGYRSIAU RADIO

'Pagan Pwy?'

Rwy'n digwydd byw drws nesa i bagan – nawr gwell diffinio'n termau cyn mynd gam ymhellach. Pagan, yn ôl diffiniad oes Victoria – oes pan oeddem ni'n peintio'r byd yn goch – yw'r dyn sydd ddim yn credu yn Nuw, a gan ein bod yn cael ein hannog yn y dyddiau hyn i adfer gwerthoedd yr oes oleuedig honno, dyna paham y mentraf ddweud mod i'n byw drws nesa i bagan. Ac ar ôl byw drws nesa i'n gilydd am yn agos i ddeuddeg mlynedd does dim achos gen i amau'r disgrifiad o gwbwl, gan na welais unrhyw arwydd o ddiddordeb na chefnogaeth i'r ffydd Gristnogol ganddo. Os rhywbeth, y gwrthwyneb sy'n wir gan iddo daflu ambell awgrym digon amheus o dro i dro. Ac eto mae e'n gymydog hynaws a dymunol. Gofynnais lawer gwaith ac fe gefais – curais ac fe agorodd ei ddrws i mi. Fe'm hachubodd droeon o dywyllwch fy anwybodaeth o bob teclyn trydanol o'r tegyl i'r teledu. Ac mae na goedydd a llwyni yn prydferthu 'ngardd – coedydd a llwyni a blannwyd ganddo fe.

Pam codi llewys pagan, medde chi, ar raglen sydd i fod yn grefyddol ei naws a'i chenadwri? Digwydd darllen wnes i fod llawer i bagan erbyn hyn yn cael cryn drafferth i fyw gyda'i gymydog o Gristion. Ac nid y pagan oedd yn creu'r trafferth ychwaith! A chofiwch, o'r hyn ddarllenais i roedd llawer o'r hyn a wnaeth y Cristnogion i'w cymdogion paganaidd yn amheus a dweud y lleia'.

Derbyn llythyrau di-enw bygythiol, canfod budreddi wrth ddrws y ffrynt bob bore – bygythiad cyson i'w swyddi – dyna dynged y di-gred mewn llawer lle erbyn hyn. Fel y dywed un pennawd – 'Its tough to be an aethist in God's own country.'

Does gen i 'run gronyn o gydymdeimlad â safbwynt y pagan, cofiwch, ond mae'n codi tipyn o fraw arna i ei fod e'n diodde erledigaeth oherwydd ei ddaliade, yn arbennig felly o ddwylo Cristnogion.

Ac, wir i chi, mae yna arwyddion fod y ffurfafen yn duo, oherwydd nid y di-gred yn unig sy'n cael eu bygwth bellach ond yr anuniongred hefyd. Fe gollodd digon o wleidyddion eu seddau o ganlyniad i chwilys y mwyafrif moesol yn America beth amser yn ôl ac mae'r hanesydd E.P. Thompson yn ein rhybuddio fod yr un hinsawdd yn meddiannu'n gwlad ninnau hefyd.

Eisoes gwelwyd rhai pulpudau yn cael eu cyfyngu ac fe honnwyd mai ffug a gau yw llawer iawn o'r pregethu sy'n digwydd yn ein plith. Ond nid dyna'r cyfan chwaith. Mae ymdrechion yn cael eu gwneud i ddistewi ambell i lais, y tybiwn i, sy'n broffwydol ei natur. Ac fe wneir hyn gan y byd a'r eglwys fel ei gilydd. Mae'r ymdrechion a wnaed gan yr awdurdodau yng ngwlad Pwyl er enghraifft i ddistewi llais Lech Walensa yn drajedi ond mae'r peth yn digwydd yn agosach atom o lawer.

Disgrifiodd un gohebydd y driniaeth y mae Monsignor Bruce Kent wedi gorfod ei ddiodde'n ddiweddar yn nhermau hela. Oherwydd ei ddaliadau anuniongred am y bom fe fu'r byd a'r Eglwys y mae e'n perthyn iddi yn ei fygwth fel bytheiadgwn; fe fu'n rhaid mynd nôl tua chwe chanrif i chwilio am arf i geisio lladd ysbryd merched comin Greenham, ac mae llawer i 'wet' erbyn hyn wedi gorfod chwilio am gysgod newydd.

Mae'r cyfan hyn yn awgrymu ein bod yn byw mewn dyddiau lle na ddioddefir unrhyw gri na gwaedd os nad yw'n hollol uniongred ac yn cadarnhau'r statws quo. A minnau wedi bod mor naif â chredu fy mod yn byw mewn gwlad a ganiatâ i bob meddwl ei farn ac i bob barn ei llafar.

Gwahaddod

Mae ffordd o fyw a ffordd o feddwl bro mebyd yn gadael eu hôl parhaol ar bawb ohonom ac anodd yw ymddihatru'n llwyr o'u dylanwadau. Erbyn hyn, rydym wedi cerdded ymhell i ganol grawys arall a fydd gyda hyn yn ein harwain i ddathliadau'r Pasg. Am flynyddoedd, cyfnod yr Eisteddfod leol a'u rasys ceffylau oedd y Pasg i mi ac felly mae o hyd i lawer o'r trigolion. Ac wrth droedio'r un dalar â'r ceffylau rasus y dysgais hefyd mai gelyn yw'r wahadden. Gwell esbonio cyn mynd ymhellach beth yw gwahadden. Dyw'r gair ddim yn y geiriadur mawr, yno cewch ddewis rhwng y gair gwadd neu dwrch daear. Ond yn y diwedd doedd dim gwahaniaeth beth oedd yr enw – gelyn ydoedd – yn bla i bob amaethwr a garddwr. Ond gyda'r blynyddoedd fe dymherwyd fy agwedd tuag at y wahadden hyd nes i mi bellach ddod i'r casgliad ei bod hi'n fendith ar adegau. Oherwydd fe dyfodd y wahadden bellach nid i fod yn greadur pedair coes melfedaidd – mae'r wahadden fodern wedi profi ei hun yn gymaint os nad mwy o elyn yng ngolwg rhai, fel y dengys digwyddiadau'r wythnosau diwethaf hyn. Mae'r llywodraeth bresennol yn ofni y bydd pla ohonynt yn ymddangos er enghraifft ac mae'r gwenwyn wedi'i osod yn barod – ac roedd e'n un drud hefyd. Mil o bunnoedd y ddogn. Os yw hanes yn dysgu rhywbeth i ni, mi fuase hi'n well i'r llywodraeth edrych i gyfeiriad Rhydychen a Chaergrawnt hefyd gan fod y tiroedd hynny wedi bod yn diroedd ffrwythlon i fagu gwahaddod dros y blynyddoedd. Prif fendith neu felltith y wahadden fodern serch hynny yw datgelu gwybodaeth a ffeithiau – rhai y mae'r llywodraeth yn eu hystyried yn gyfrinachol. Ond y gwir plaen yw fod yna ffeithiau sy'n cael eu celu y mae hawl gan y werin eu gwybod.

Rydym yn cael ein gorfodi i fyw gan wybod ond hanner y gwir. Ac mae'r hanner gwir hwnnw yn cael ei gyflwyno a'i werthu fel y gwir cyflawn. Ga i nodi un enghraifft?

Ychydig amser yn ôl roedd rhaglenni newyddion ar deledu a radio yn cario stori a oedd i'n sicrhau ni nad oes dim perygl o gwbwl wrth ddiogelu gwastraff niwcliar. Gwelwyd lluniau o gist enfawr ddur yn disgyn o uchder heb ddangos tolc heb sôn am hollt wedi'r cwymp. Diogelir yr holl wastraff niwcliar mewn cistiau tebyg oedd y neges ac fe geisiwyd ein cysuro i gyd na fydd dim perygl o gwbwl o ganlyniad. Ond diolch i ryw wahadden ddi-enw dyw'r darlun i gyd ddim mor gysurus. Yn wir, i'r gwrthwyneb.

Wrth i reolaeth ffatri wraniwm yn America newid dwylo beth amser yn ôl fe ddatgelodd rhyw wahadden fod 770 kilogram o wraniwm wedi mynd ar goll. Mae'r maint yma o wraniwm yn ddigon i wneud 35 o daflegrau niwcliar o faintioli bom Hiroshima o leiaf. Dywed y rheolwyr fod y golled yn fychan o'i chymharu â holl gynnyrch y ffatri sy'n agos i 600 tunnell er 1950. Ond i ble'r aeth y 770 kilogram tybed? Mae'n bosibl ei fod e rywle yn y milltiroedd pibau sydd yn y gwaith neu mae'n bosibl bod yna wall yn y cyfrifon wedi bod oedd yr ateb swyddogol. Ond na medde'r wahadden oherwydd mae rhywun wedi dinistrio 27 o dapiau compiwtor sy'n cynnwys llawer o gofnodion y gwaith. Gyda'r golled hon daw swm y golled o wraniwm yn America yn unig i 45 tunnell er 1950.

A'r cwestiwn tyngedfennol yw, wrth gwrs, ym mha le mae'r wraniwm hwn erbyn hyn?

Mae llawer yn amau fod cyfran go sylweddol ohono wedi gwneud ei ffordd i Israel. Gan gofio hyn twyll llwyr ar ran pob gwladwriaeth yw ceisio'n sicrhau fod ganddynt reolaeth lwyr dros bob defnydd niwcliar ac nad oes berygl iddo gyrraedd dwylo dynion anghyfrifol. A diolch i ambell wahadden am ein hatgoffa o hynny.

Merica

Ryw ddeuddydd yn ôl rown ni'n sengi daear mae ambell un rydw i yn digwydd nabod yn ystyried bron yn sanctaidd – na nid ca criced – ond cwrs golff. Roedd y borfa hyd yn oed yn coleddu moethusrwydd. Yn sydyn dyma weld deryn – robin goch medde fi – nage medd rhyw lais diarth – mae e yn perthyn ond mae'n rhai ni yn fwy. Wel, dim ond Mericanwr fedre roi ateb fel'na sbo; ac yn Merica mae'r bocs sebon wedi disgyn ar ôl taith hir a diddorol. Yn Minneapolis a bod yn fanwl gywir. Dinas hardd, lân sy'n ymddangos yn llawn llynnoedd, capeli a chyfreithwyr. Yn y ddinas hon hefyd mae pencadlys yr Efengylwr enwog Billy Graham, sydd ar hyn o bryd yn paratoi ar gyfer ymgyrch fawr yn Lloegr. Mae'r gŵr hwn, gyda'i ymgyrchoedd efengylu wedi cerdded y byd ac mae ei ddylanwad wedi bod yn fawr. Ond rywfodd dydw i ddim yn meddwl y gwêl y ddinas hon ei golli – dros dro beth bynnag – am un rheswm syml, mae yma ddigon o'i debyg i wneud yr un sŵn ag e.

Wrth ymweld â chapel un ohonyn nhw sylwi bod bwrdd mawr yng nghyntedd y capel yn llawn o luniau pobol ifanc – lluniau pawb oedd yn y dosbarth derbyn am eleni – ac wedi cyfri roedd 194 ohonyn nhw.

Does dim amheuaeth nad yw'r neges Gristnogol geidwadol yn ddylanwad mawr yma. Ond os yw Lloegr am glywed y neges hon eto ym mherson Billy Graham – rhaid brysio i ychwanegu nad dyma'r unig neges mae pawb yn Minneapolis am ei chlywed serch hynny. Bu un eglwys yn ddigon mentrus rai blynyddoedd yn ôl i fynd i Gymru i chwilio am weinidog – eglwys Annibynnol Plymouth oedd honno a bu un gweinidog o Gymro yn ddigon mentrus i ymateb – a'r Parchedig Vivian Jones oedd hwnnw.

Bellach rwyf wedi câl cyfle i weld a sylweddoli bod yma bobol sydd yn dyheu am glywed ac yn gwerthfawrogi'n fawr iawn ddehongliad o'r efengyl sydd dipyn yn ehangach ei weledigaeth. Nid nad yw'r neges geidwadol yn câl ei herio ar ei thro, a hynny o'r tu mewn i'w rhengoedd ei hun weithiau. Ac fe ddaw'r her heddiw o fan hollol annisgwyl. Merch ifanc a gafodd ei magu mewn eglwys wledig draddodiadol yn perthyn i'r Southern

Baptists yw Cindy Haryss Johnson. Cafodd fagwraeth mor geidwadol draddodiadol â phawb arall sy'n perthyn i'r enwad hwnnw. Bu'n ffyddlon, i'r llythyren, i bob cyngor a chyfarwyddyd a gafodd ac fe ddaeth i benderfyniad a rhoi ei bywyd i Iesu – gan addo bod yn ffyddlon iddo beth bynnag fo'r alwad.

Gyda hyn, teimlodd fod Iesu'n ei galw i'r weinidogaeth lawn amser ac fe ymatebodd. Ond yn hytrach na bod yn llawen yn ei phenderfyniad mae'r Southern Baptists mewn tipyn o bicil. Hyd yn hyn dyw merched ddim yn rhydd i wneud y cam hwn ac mae'r dogmayddion o fewn yr enwad ar hyn o bryd yn prysur baratoi penderfyniadau i'w cyflwyno i gynadleddau lleol a chenedlaethol i annog pawb eto i wneud yr hyn y mae Duw yn eu galw i'w gyflawni – os nad ŷch chi'n ferch ac yn dymuno mynd i'r weinidogaeth lawn amser. Fe lwyddan nhw, dros dro, i rwystro Cindy Haryss Johnson, yw'r farn gyffredinol ond mae eu hymgyrch yn y diwedd yn siŵr o fethu. Ac fe fydd merch, na fynnodd ddim ond bod yn ffyddlon i'r neges a gafodd, wedi ysgwyd i'w seiliau un o sefydliadau mwyaf cryf a cheidwadol y wlad hon. Rhyfedd o fyd.

> Trwy ddirgel ffyrdd mae'r uchel Iôr,
> Yn dwyn ei waith i ben.

Un gair cyn gorffen. Mae'r gaeaf newydd adael Minneapolis ac mae'n wanwyn bendigedig. Pan ofynnais i'r adarwr am ymweliad y gog i groesawu'r tymor newydd – ei ateb odd – do's gyda ni 'run gog yn y wlad yma o gwbwl. Dim gog medd fi, gan deimlo'n sydyn yn ddwywaith y dyn ydwyf. Ond dyna fe, stori arall yn honna.

Y Gêm (Ar ochr pwy ma' Duw?)

Pan o'n ni'n yr ysgol fach a hithe'n amser chware roedd gêm o bêl-droed neu griced naill ai yn llawenydd neu yn hunlle. Beth oedd yr elfen allweddol medde chi a reolai natur y profiad?
 Wel, ma'r ateb yn syml – John Leonard. Weles i neb tebyg iddo fe. Roedd e'n gawr o grwt. Roedd e'n well na phob bachgen arall ym mhob peth. Fe odd y gore yn gwneud syms – darllen – ysgrifennu, pêl-droed – criced – clatsho – y cyfan. Os odd John Leonard ar ych ochor chi – roedd pob peth yn iawn.
 Yn sydyn reit mae rhai pobol eitha pwysig wedi dechrau poeni – nid ar ba ochor ma John Leonard – ond ar ba ochor ma Duw. A dweud y gwir doedd y bobol bwysig yma ddim yn fodlon i Dduw gâl chware o gwbwl beth amser yn ôl. Ond nawr ma câl Duw ar eu hochor nhw wedi mynd yn fater allweddol.
 Fe ddaeth y gath mas o'r cwd beth amser yn ôl pan odd Eglwys Lloegr yn ei synod yn trafod perthynas yr Eglwys â'r bom. Yn cwato yng ngaleri'r gwrandawyr roedd pobol reit bryderus eu gwedd. Ishe gwbod o'n nhw ar ba ochor y bydde Duw yn dewis chware. A pan sylweddolon nhw fod Duw wedi dewis chware ar ochor tîm y bom – fe redon nhw nerth eu trad nôl i Downing St. i gyhoeddi'r newyddion da wrth eu capten – Mrs. Thatcher. Odyn – ma'r politisians nawr ishe câl Duw ar eu hochor nhw. Ma nhw wedi penderfynu o'r ddiwedd ei bod hi'n bryd i roi cyfle iddo fe – dim ond iddo fe whare ar eu hochor nhw.
 Ond syndod pob syndod – nid Mrs. Thatcher yn unig sy ishe câl Duw ar ei hochor. Ma'r Arlywydd Regan bellach wedi cyhoeddi fod Duw ar ei ochor e hefyd. Yr wythnos dwetha fe fu'r Arlywydd yn annerch y 'National Association of Evangelicals' yn Orlando, Florida, ac fe gyhoeddodd e yno yn ddiflewyn ar ei dafod fod Duw ar ei ochor e. Pan ddwedodd e hynny maen debyg i'r 'ameno' a'r porthi fynd mlan am sbel. 'Chi'n gweld,' medde Regan, 'nid mater o ras arfau yn unig yw hi bellach ond mater o pwy sy'n reit a phwy sy'n rong.' *A ni sy'n reit* odd ei ddyfarniad e. Mae'r politisians wedi penderfynu bellach bod plant y goleuni i gyd yn byw yn y Gorllewin a bod plant y tywyllwch i gyd yn byw y tu ôl i'r llen haearn – am fod Duw o'r diwedd wedi dewis ar

ochor y mae e am chware. 'Mae'n rhaid i ni bellach,' medde Regan, 'weddïo dros yr anffodusiaid hynny sy'n byw dan orchudd y tywyllwch totalitaraidd – ie, gweddïo er mwyn iddyn nhw gâl adnabod y llawenydd sy'n dod yn sgîl adnabod Duw a gwbod ar ba ochr mae e'n sefyll.'

Druan o Regan, mae ei gof e a llawer eraill tebyg iddo fe yn fyr iawn. Dos fawr o amser wedi mynd hibo ers i Arlywydd arall bledio fod Duw *ar ei ochor e hefyd*. Rodd câl rhai o arweinwyr crefyddol pwysig y dydd yn rhan hanfodol o ddelwedd yr arlywyddiaeth ac rodd câl ambell i gwrdd gweddi yn yr Oval Office yn bwysig. Ond trueni mawr i'r hen dapiau parotaidd na ddatgelu'r wir sefyllfa.

Chi'n gweld, y gwir plaen yw, nad os neb o'r politisians ma ishe Duw i chware o gwbwl – ishe mascot ma nhw – mascot bach neis a pharchus a dos dim dewis gwell i gâl na Duw.

O ie – os digwydd bod un o'r politisians na'n gwrando bore ma – fe fydde hi'n dda gyda fi petasech chi'n mynd â neges fach i Downing Street ac i'r Tŷ Gwyn. Dwedwch wrthyn nhw yno fod Duw wedi penderfynu drosto fe'i hunan ar ba ochor mae E. A wir i chi 'dyw E ddim wedi dewis chware gyda'r Whitehouse Wonderers na'r Kremlin Rovers.

Na – ma Duw wedi dewis bod ar ochr y dorf – y dorf ddiniwed druenus honno sy'n diodde tlodi, newyn, trais, carchar, a phob math ar anghyfiawnder o ganlyniad i'r gêm orffwyll ma'r Dwyrain a'r Gorllewin yn ei chware.

Y Tatws Mân

Yn ei gerdd enwog i Bwllderi ma Dewi Emrys yn gwahodd 'i ddarllenwyr i rannu gydag e' y 'meddylie sy'n dwad i chi Pan foch chi'n ishte uwchben Pwllderi'. Eich gwahodd yw 'mwriad i i rannu rhai meddylie a ddaeth un prynhawn yn ddiweddar wrth wario ychydig oriau yn yr ardd. Mam sy pia'r ardd a'r prif orchwyl y pnawn arbennig hwnnw oedd casglu'r cnwd tatws. Yn ôl ei harfer annwyl, cefais gyfarwyddyd manwl a chyngor cyson wrth ymdaflu i'r dasg. Fe'm rhybuddiwyd na fyddai cnwd rhai o'r rhychau gystal â'r gweddill o ganlyniad i waith difaol y 'blight'. Fe fydd y tatws yno'n 'fân ac yn ddiwerth' oedd y cyngor. Gwir oedd y broffwydoliaeth – mi roedd y rheini yn fân – mân iawn hefyd mewn ambell fan. Ond y syndod mawr i mi oedd sylweddoli fod cyfanswm y cnwd mân bron cymaint â chyfanswm y cnwd sylweddol ei faint. A dyna sylweddoli eto hen wirionedd sef gwerth a phwysigrwydd y cyfraniad bach di-nod. Fe gredodd Iesu fod atgoffa'i ddisgyblion o'r wers honno o'r pwys mwyaf drwy roi i ni un o'i ddarluniau prydferthaf. Mae'r hanesyn am y weddw yn rhoi ei hatling ola' yn y casgliad ar un Saboth arbennig yn brawf o hynny. O ddarllen ambell fantolen ariannol daw un ar draws ambell bennawd fel 'casgliad rhydd' a mân gasgliadau. Ar adegau, y mân gasgliadau oedd yn gyfrifol fod y fantolen yn dangos elw yn hytrach na cholled.

Y Llonydd Gorffenedig

Darlun cofiadwy yw hwnnw gan y bardd Thomas Gray yn ei gerdd 'Elegy in a Country Churchyard'. Fe ddarlunia'r amaethwr fu wrthi drwy'r dydd yn aredig ei dir ac yn troi am adre: 'The weary ploughman homeward plods his weary way'. 'Wna i ddim honni am foment fod fy ymdrech fach i y prynhawn hwnnw yn yr ardd wedi bod yn agos tebyg i ymdrech yr amaethwr ond roedd y blinder yn real. Ond nid blinder i gwyno amdano ydoedd ychwaith. I'r gwrthwyneb – roedd yn flinder bodlon, llawn diolch. Braf iawn oedd sylweddoli fod rhan fach o'r bywyd a roddwyd i'm gofal yn gymen a thaclus. Wrth reddf, tueddu i'r cyfeiriad arall fydda i yn rhy amal o lawer ac mae anelu at drefn a thaclusrwydd a chyrraedd nod yn golygu ymdrech fawr ar fy rhan. Ac mae hynny siŵr o fod yn wir am fyw'r rhan helaethaf ohonom. Pa bynnag dasg yr ymafl eich dwylo ynddi heddi gobeithio'n wir y bydd i rai ohonoch sy'n gwrando o leiaf fedru dweud ar ddiwedd y dydd i chi brofi o'r llonydd gorffenedig hynny a ddaw ar derfyn dydd da ac ystyrlon o waith. A dyna'r meddylie sy'n dwad i minne pan foch chi'n ishte – na, nid uwchben Pwllderi, mae'n wir, ond mewn tipyn bach o ddaear Duw a roddwyd yn ofal oesol i ni.

Cadw Di'r Coed

Mae'r Hydref nid yn unig yn gyfnod casglu'r cnwd o'r ardd ond hefyd yn gyfnod y tacluso cyn i dywydd gerwin y gaeaf gydio mewn difri. Mae gymaint yn haws yn y gwanwyn fentro i ardd daclus groesawgar. Fe fu i'r rhychau pys gydio'n dda iawn eleni a bu i adar mawr a mân flasu'r ffrwyth melys. Ond bellach dim ond tân oedd yn aros y ddwy rych wywedig. Fy mwriad i oedd llosgi'r coed fu'n dal y planhigion balch ar eu traed drwy bob tywydd. I'm llygaid i roedd y coed wedi cyflawni eu gwasanaeth a bod dim gwerth iddynt bellach a'u tynged oedd y domen sbwriel – ond dim yn ôl llygaid mam! 'Cadw di goed y rych ucha – fe fydd 'u hishe nhw y flwyddyn nesa' oedd ei gorchymyn. Mor ddibris a di-hid y gallwn ni fod wrth ystyried cymaint o'r cyfoeth sydd o'n cwmpas. Cofiaf gyflawni gorchwyl digon diflas rai blynyddoedd yn ôl bellach, sef gwacáu hen gartref teulu 'nhad. Ymhlith hen offer y beudy roedd dwy stôl deirtroed a oedd yn llawn o dyllau pry. 'Diwerth,' meddwn i a llosgi fu eu tynged. Flynyddoedd yn ddiweddarach aros yn un o bentrefi'r Cotswolds a oedd yn digwydd bod yn gartref i ryw hanner dwsin o siopau antiques. Roedd un o'r siopau hynny yn llawn o hen offer ffermio ac yn sefyll yn jocos reit yn eu canol odd hen stôl deirtroed odro yn llawn o dyllau pry. 'Beth yw pris y stol deirtroed,' medde fi – 'Pum punt ar hugain' odd yr ateb syfrdanol! 'Cadw di'r coed – fe fydd 'u hishe nhw'r flwyddyn nesa.' Piti na fuaswn wedi cael y cyngor hwnnw flynyddoedd yn ôl.

Cynhaeaf Heb Lafurio

Rwy'n mawr obeithio nad ydw i yn camarwain y genedl gyda'r myfyrdodau hyn trwy roi'r argraff fy mod yn rhyw arddwr o fri – mae'n rhoi tipyn o bleser a boddhad mae'n wir, ond o'r adroddiadau achlysurol a ddaw ar 'Helo Bobol' – mae'n amlwg mai ein cyflwynydd ffraeth sy'n haeddu clod felly. Ond fel y mae Hywel a'i arbenigwyr wedi nodi'n gyson mae gardd dda a chnwd sylweddol yn galw am waith caled. Canlyniad torchi llewys cyson yw'r llewyrch a ddilyn. Eto ga i awgrymu'n garedig fod hynny'n wir ond ddim yn wir i gyd. Ga i esbonio? Eleni, am y tro cyntaf ers cof, mi ges fwynhau bendithion yr ardd heb godi pâl na rhaw na fforch i'w throi. Oherwydd amgylchiadau neilltuol methais â bod yn rhan o'r torchi llewys. Medde Iesu wrth ei ddisgyblion un tro, 'Anfonais chwi i fedi cynhaeaf nad ydych wedi llafurio amdano' a dyna'n union fy mhrofiad i eleni – medi cynhaeaf na fu i mi lafurio amdano. Mae diolch dyn am gynhaeaf felly o reidrwydd wedyn yn llawer mwy. Mae cael bendith ffrwyth eich llafur yn fraint ond mae cael bendith ffrwyth llafur eraill yn fraint fwy fyth. 'Eraill sydd wedi llafurio, a chwithau sydd wedi cerdded i mewn i'w llafur.' Dyw 'mhrofiad i eleni ddim yn un unigryw o gwbwl – mae'n gyffredin i bawb ohonom. Ym mhob rhan o'n byw ni mae yna arwyddion pendant mai mwynhau ymdrech a chwys a chredo arall a fu'n garddio'n cenedl a wnawn. Ac mae derbyn o ffrwyth eu llafur hwy yn fraint nid bychan.

Medi Heb Hau

Fe ddywed yr hen ddihareb, 'A heuo dyn hynny a fed efe.' Er bod iddi ei gwirionedd dyw hi ddim yn wir i gyd ychwaith. Oherwydd eleni ma gyda fi dystiolacth bendant ei bod hi'n bosibl i fedi heb hau. Ambosibl medde chi, wel efalle, ond dyma'r dirgelwch. Wedi'u gwasgaru ar hyd yr ardd yn ddi-drefn llwyr reodd yna ryw ddwsin o blanhigion a edrychai i'm llygaid amaturaidd i yn hynod debyg i chwyn. Roeddynt yn tyfu yng nghanol y tatws a'r bresych a'r pys – yn amlwg heb ganiatâd y llysiau hynny. 'Bydd yn ofalus o'r planhigion yna – planhigion blodau clychau'r cawr ydynt' – medde'r llais awdurdodol. O ble ma nhw wedi dod – pwy sydd wedi eu plannu? 'Wn i ddim,' medde mam, 'un peth rwy'n hollol siŵr ohono fe – nid y fi a'u plannodd.' Dyna'r dystiolaeth a'r dirgelwch. Tybed mewn gwirionedd o ble daeth hadau clychau'r cawr? Ai rhyw aderyn caredig a'u gadawodd yn ddiolchgar fel tâl am ambell bryd blasus o bys – neu a oedden nhw tybed wedi bod yn cysgu yn y ddaear ers blynyddoedd ac yn sydyn fywiocáu. Does fawr o werth dyfalu oherwydd yn y diwedd Duw yn unig a ŵyr. Ond un peth rwy'n hollol siŵr ohono – fe fydd yna fordor o flodau bendigedig y flwyddyn nesaf eto – os Duw a'i mynn – ac yn eu canol fe fydd yna ddwsin o glychau'r cawr yn coroni'r cyfan ac yn atgof ei bod hi ym myd Duw o hyd yn bosibl i fedi lle na bu un meidrol yn hau.

Cyfeiriad yr Awel

Fe fu tywydd y misoedd olaf hyn yn gyfrwng i lawer ddwyn i gof gerdd T. Rowland Hughes i'r 'Gwanwyn' siŵr o fod. Fe allwn ni gyd adleisio'i gri drwy ddweud 'Bu'r gaeaf ma'n un mor hir'. Ond tra bod pen yr Wyddfa i gyd yn wyn ma'r gwanwyn ymhell o hyd. Ma gan bob ardal ei Wyddfa ei hun, ac i ni sy'n byw yng Nghwm Tawe, Fan Gyhirych yw honno – y copa uchel hwnnw sy'n eistedd fel brenin ym mhen ucha'r cwm. Ac ma pen Fan Gyhirych o hyd yn wyn. Ar hyn o bryd ar waelod y cwm ma na adeiladu hewl newydd ar waith ac ers misoedd bellach ma'r faner sy'n hysbysebu enw'r adeiladwyr wedi dangos bod y gwynt yn cyson ddod o gyfeiriad Fan Gyhirych – o gyfeiriad y rhew a'r eira – o gyfeiriad y gaeaf difywyd. Ond ma' na obaith. Ers ychydig ddyddiau fe drodd yr awel i chwythu o gyfeiriad bae Abertawe – o gyfeiriad y gwres a'r gwanwyn – ac fe lonnodd llawer – gan edrych ymlaen at decach dydd.

Ma na awelon a gwyntoedd digon oerllyd wedi bod yn chwythu dros lawer i gyfandir yn ddiweddar ac fe welwyd dychwelyd dyddiau'r 'rhyfel oerllyd' i'n bygwth. Pryd tybed y down ni i sylweddoli ma dim ond newid cyfeiriad yr awel sydd 'i angen i greu gwanwyn a bywyd newydd?

Chwarae Chwerw

Rydw i wedi bod yn hoff o chwaraeon erioed ac wedi cael llawer iawn o fwynhad ar hyd y blynyddoedd wrth eu dilyn. Anodd i mi yw deall y rhai hynny sydd yn dwrdio ac yn dilorni pob math ar chware fel gwastraff ar amser ac adnodde. Mi dybiwn i fod y rhan helaethaf o'r bobol hynny naill ai heb wybod dim am y wefr o gael cymryd rhan neu wedi profi eu hunain yn anobeithiol yn y campau beth bynnag. Ond nid hynny sy'n fy mhoeni'n arbennig y foment hon. Rhan o'r hen gred am werth chwaraeon odd y ffaith syml eu bod yn sianel i gyfeirio ynni a brwdfrydedd blynyddoedd ein hieuenctid a hynny o fewn ffiniau rheolaeth arbennig. Ond ysywaeth, be sy wedi digwydd? Erbyn hyn ma' bron pob math ar chware yn esgor ar bob math ar anfadwaith afreolus – ar y maes ac oddi arno. A does yr un rhan o'r byd yn rhydd o'r ymateb hwn. Briga ym Madras fel ym Manceinion ac yn Madison Square Gardens fel ei gilydd. Gwn fod yna gant a mil o resymau dros y newid sylfaenol hwn ond fy mhryder ar hyn o bryd yw ein bod yn caniatáu i chware droi'n chwerw – a thrwy hynny amddifadu miliynau o bobol o'r cyfle o gael llawer iawn o fwynhad a llawer iawn o bleser.

DARNAU ERAILL

Anerchiad i'r Pwyllgor Addysg ar yr Angen am Drydedd Ysgol Gymraeg (1989)

I have argued, before today, in this chamber, that one of the few sectors of growth in pupil population in West Glamorgan is that in the bilingual sector. This growth has happened over a period of years.

The Authority has sought to resolve this increase in the past by various means.
 i. The most popular – the introduction of demountable classrooms.
 ii. By changing catchment areas of the schools concerned.
 iii. By refurbishing buildings used for other purposes on school sites.
 iv. By the relocation of a school in larger vacant premises in a different area.

My main contention now is that other means of resolving the situation must now be debated by committee.

In Lôn-Las, for example 6 of the 11 classes are held in demountable buildings – the condition of some of them leaves much to be desired.

5 of the 10 classes in Pontardawe are also in demountables – in Brynymôr there is only one demountable building – simply because there is literally no room for any more.

This increase in pupil population has placed tremendous strain on school resources.

In Brynymôr for instance an end part of a corridor is used as working space for children.

In Lôn-Las nursery facilities are far from adequate – particularly in not having their own pen for play separated from the general play area.

Teaching accommodation is reaching a critical situation. The statutory instruments of 1981 state that there is a minimum requirement for teaching accommodation. In the schools mentioned plus Ysgol Gymraeg Castell-nedd is this minimum requirement being legally honoured?.

The same instruments state that each school must have a basic number of sanitary fitting and washrooms – their number based on the age and number of pupils. Are we as an authority legally honouring these requirements?

None of the schools mentioned has any changing facilities – if boys for example play rugby or soccer in the mud and rain then they have to travel home on the school bus in their wet playing clothes – problem bus company and school.

When any medical or dental visits are made to the schools then a permutation of staff rooms, headmaster rooms or library space has to be used. This again appears to contravene statutory instructions.

Further school recreation areas are governed by the instruments. In the three schools specifically mentioned the recreation area has been greatly diminished by the constant increase of demountable building in the area – and in this context I would seriously question the case of Ysgol Gymraeg Brynymôr at this moment in time. Even the little recreational area that they have is halved because of structural work on the school building – and not one of the schools mentioned has a playing field. Any games played involve bussing children to and fro – the cost of which is borne by the parents.

If one made a close analysis of the catchment areas of the schools involved you would observe a recurring pattern. The bulk of the children who attend these schools come from within a reasonable radius of the school premises. The further the daily journey – the lower the number who opt for the Welsh school.

And as the large catchment areas mean that some children catching buses scheduled to start at 7.50 this is perfectly understandable. It is asking much of parents to allow their child to start its school journey at that time particularly at the age of 4/5 years. Because of this great disadvantage many parents opt out of the bilingual sector after attending voluntary meithrin groups. This is further proof that if these schools were more localised many more parents would opt for bilingual eduation!

Failure to find room in nursery classes attached to these schools has meant over the years a further loss of children. I must remind committee again that it is only the bilingual sector which suffers this loss. The contention that parents these days have an opportunity to choose the school for their child is not as true as it sounds.

Mr. Chairman, I have stated many times, in this chamber and outside that the lack of real growth in the bilingual sector – unique only to West Glamorgan, in the context of the old County Boundaries of Glamorgan – is due to default – on the Authority's behalf and to some extent on parents too. Recent Government reports to parents have highlighted the pressure on these schools and the quality of education offered as a result of these pressures. Because of all these various reasons and the statements made by Rhieni Dros Addysg Gymraeg, Mudiad Ysgolion Meithrin and the conclusions of a conference held in Swansea recently of all parties interested in the further development of bilingual education within the county, because of all these – I believe that this is the time for such a review.

We have reached a critical point – the way ahead could be in the direction of growth and consolidation – or – and God forbid that it should – it could be a time of stagnation and strife.

Penderfyniad achos y Glowyr Undeb Caerdydd 1984

'Gan gofio ein bod fel enwad yn ystyried ein cyfrifoldeb tuag at ein cyd-ddyn a'n cymdeithas yn rhan annatod o'n tystiolaeth Gristionogol, y mae'r gynhadledd hon yn dymuno datgan ei chydymdeilad ag achos y glöwr yn yr anghydfod presennol. Mae'r glöwr ers cenedlaethau, wedi cyfrannu'n helaeth i fywyd eglwysig, diwylliannol a diwydiannol ein gwlad. Gan fod cau pyllau glo yn chwalu ac yn gwanychu cymdeithasau cyfan, teimlwn ei bod yn ofynnol arnom i ymboeni am argyfwng presennol y glöwr.

Galwn ar y gynhadledd hon o'r Undeb i wneud casgliad, i fod yn arwydd ac yn her i holl eglwysi'r enwad o'n hawydd i anrhydeddu'r glöwr ac i geisio diogelu bywyd ei deulu yn ei angen presennol.'.

Y Parchg. Gareth Thomas a'i cynigiai a'r Parchg. Guto Prys ap Gwynfor yn eilio. Bu trafod brwd arno ac o'i roi i bleidlais cafwyd 61 o'i blaid; 17 yn erbyn a 6 yn atal eu pleidlais.

Yr ymadrodd allweddol yn y paragraff cyntaf o'r penderfyniad hwn yw 'cau pyllau glo'. Ym 1945 roedd 247,000 o lowyr yn gweithio yn y diwydiant glo yng Nghymru. Ac mi roedd yna 220 o byllau yn cael eu gweithio. Ar ddechrau'r flwyddyn hon roedd ond llai na degfed ran o rif 1945 yn gweithio sef 22,000 o ddynion a 25 o byllau. Bwriad y Llywodraeth bresennol yw cau eto nifer sylweddol iawn o'r pyllau sy'n gweithio ac erbyn diwedd y degawd yma fe fydd maes glo Cymru yn ffodus os bydd yna 6 phwll ar agor yn rhoi gwaith i 6-7 mil o lowyr.

Mae hyn yn ganlyniad i bolisïau llywodraethau diweddar o bob lliw wrth gyfeirio pob buddsoddi sylweddol i gyfeiriad olew. Mae'r buddsoddi hwnnw wedi dangos yn glir mai'r ffactor allweddol yn yr holl gynllunio yw elw ar draul lles a budd cymdeithasol degau o ardaloedd a ddibynnai ar y diwydiant glo. O ganlyniad y mae yna anobaith llwyr wedi meddiannu cymaint o'n cymoedd ni gyda holl ganlyniadau cymdeithasegol yr anobeithio hwnnw.

Nid nad oes glo ar ôl yn ein tir, mae yna, yr hyn sydd ar goll yw'r ewyllys yn ganolog i'w gloddio. Nes trafod y penderfyniad hwn rwy'n mawr obeithio na fydd neb yn ystyried ei fod e yn erbyn cau yr un pwll. Wrth gwrs y mae yna angen ar dro gau pwll, yn wir mae dydd cau pob pwll glo wedi ei bennu y dydd mae'n agor.

Un o'r trasiedïau a ddaeth yn sgîl yr anghydfod presennol yw'r rhannu dwfn sydd wedi digwydd ymhlith gweithwyr fu hyd yn ddiweddar yn un o'r cymdeithasau mwyaf unol a brawdol. Nid yn unig y mae cyfeillion oes wedi troi yn elynion ond mae pentrefi a chymdeithasau cyfain wedi ymrannu'n ddwfn hefyd. Beth sydd yn gyfrifol am hyn?

Yr ateb yw arian.

Yn niwedd y chwedegau, dechrau'r saithdegau, fe gollodd y maes glo genhedlaeth gyfan bron o'i weithwyr. Oherwydd cyflwr eu cyflogau yn y cyfnod hwnnw hudwyd cenhedlaeth o'r pyllau i ddiwydiannau eraill megis y diwydiant moduron. Felly y rhai sy'n aros heddiw yw'r rhai hynny sydd wedi rhoi oes o wasanaeth yn y gwaith a'r genhedlaeth ifanc.

Yn naturiol dyw'r genhedlaeth hon, sydd wedi cael addewid ariannol sylweddol gan y llywodraeth mewn iawndal os bydd i'r gwaith orffen, ddim am wneud dim a fydd yn peryglu symiau mor sylweddol â 25,000 – 30,000 o bunnoedd yr un. Ac y mae'r genhedlaeth iau sydd â theuluoedd ifanc â morgeisi sylweddol yn naturiol am ddiogelu eu dyfodol.

Problem sydd wedi cael ei chreu gan lywodraeth ganolog felly sydd wrth wraidd yr hollti sydd wedi digwydd – ac y mae Cheltenham yn enghraifft arall o'r un math o weithredu.

O ganlyniad i wobrwyon ariannol fel hyn mae dyn yn gorfod gofyn a yw'r llywodraeth bresennol yn ceisio prynu pob gwrthwynebiad o du'r undebau.

Nid barn bersonol mo hon o gwbwl. Carfan o'n cymdeithas sydd wedi cael ei dal yng nghanol yr anghydfod presennol yw'r heddlu.

Rhingyll yn heddlu Essex yw Peter Bartlett a bu galw arno ef a'i heddlu i wasanaethu ar linellau picedi yn swydd Nottingham ychydig amser yn ôl. Mewn llythyr i'r *Guardian* yr wythnos diwetha dyma ysgrifennodd:

'As a public service the police force is necessarily and rightly restricted by the dictats of law and order. But during the miners dispute the government has imposed new constraints on the police. It has decided to use the "thin blue line" as its battering ram against Arthur Scargill in an attempt to deliver the 'coup de grace' to the trade union movement as a whole.'

Mae'r heddlu wedi cael eu gorfodi i weithredu.

Nid yw'r ail baragraff ond yn galw'n syml ar i'r gynhadledd hon o Undeb yr Annibynwyr Cymraeg ddatgan ein cefnogaeth i'r glöwr ac i'r gefnogaeth honno fod yn un hollol ymarferol drwy drefnu casgliad i geisio cynorthwyo'r teuluoedd hynny sydd wedi bod heb unrhyw fath ar gyflog ers pedwar mis ar ddeg.

Addysg Gymraeg yng Ngorllewin Morgannwg

Nodiadau ar gyfer anerchiad i gyfarfod a drefnwyd gan Gymdeithas yr Iaith (Tachwedd 1988)

Fe'm cyflwynwyd heddi fel aelod o Bwyllgor Addysg Gorllewin Morgannwg. Ga'i ddweud wrthoch chi taw câl 'y nghyfethol wnes i, yn cynrychioli Eglwysi Rhyddion y Sir – yn anghydffurfwyr, yn Anglicanaid, yn Eglwys Rhufain.

Nawr ma' hi'n bwysig i ni edrych ar rôl Awdurdod Addysg. Ma' na newid aruthrol yn digwydd. Does 'na neb yn siŵr iawn beth fydd y patrwm newydd, ac ar hyn o bryd ma' pawb yn rhyw chwilio am yr hanner ffordd.

Mae yna rai egwyddorion sy'n weddol glir. Er enghraifft, bydd lle'r Awdurdod 'i hun yng ngweinyddiad ysgolion dipyn yn llai. Un o ganlyniadau hyn yw bod yr Awdurdod 'i hun yn holi yn ddifrifol beth YW 'i briod le yn y bartneriaeth newydd. Beth sy'n fwy aneglur o lawer yw pwy a beth fydd natur yr aelodau cyfetholedig yn y dyfodol. Gan y bydd 'lle' yr Awdurdod 'i hun yn llai, bydd lle'r byrddau llywodraethol yng ngweinyddiad addysg gymaint â hynny yn fwy. O hyn ymlaen fe fydd grym a hawliau'r byrddau hyn yn tyfu hyd nes y'u gwelir yn rheoli i bob pwrpas holl wariant eu hysgolion. Yn sicr, o fewn y byrddau hyn bydd llais yr awdurdod gymaint â hynny yn llai eto. Felly, o ganlyniad i newid patrwm cynrychiolaeth, lleiafrif bellach fydd llais yr Awdurdod.

Yng Ngorllewin Morgannwg mae yna ambell fwrdd lle nad oes Gynghorwr Sir arno o gwbwl. Ond nid i gyfeiriad y byrddau llywodraeth yn unig y llifodd y grym! Rhaid cofio a thanlinellu'r ffaith bod gan y Gweinidog Addysg 'i hun lawer mwy o lais a grym – o ganlyniad i'r newid sy'n digwydd. Pen draw 'i rym e' yw'r gallu i ganiatáu i ysgolion – yn dilyn pleidlais a sicrhau mwyafrif – caniatáu iddyn nhw optio neu eithrio allan yn llwyr o unrhyw berthynas â'r awdurdod lleol, a chael eu rheoli a'u rhedeg yn uniongyrchol o'r canol – o'r Swyddfa Gymreig yn ein cyswllt ni.

Tan yn ddiweddar fe ystyrid lle'r Gymraeg yn ein hysgolion o dan ddau bennawd:
— Y Gymraeg fel iaith gyntaf
— Y Gymraeg fel ail iaith

Mi dybiaf y bydd yn rhaid i ni newid ein terminoleg gyda hyn a'u galw yn:
— Cymraeg Craidd
— Cymraeg Sylfaenol

oherwydd pan sefydlir y cwriciwlwm cenedlaethol, dyna'n union sut y'u dynodir. I awdurdod fel Awdurdod Addysg Gorllewin Morgannwg, ma llawer mwy o oblygiadau ymhlyg yn y newid nag a sylweddolir ar yr wyneb. A bod yn garedig eithriadol, nid yw'r Awdurdod hwn wedi bod gyda'r mwyaf cefnogol na chwaith y mwyaf brwdfrydig 'i gefnogaeth i'r Gymraeg. Brwydr fu hi erioed. Brwydr oedd sefydlu'r Ysgol Gymraeg gynta bron ddeugain mlynedd yn ôl – brwydr gyda hen fwrdeistref Abertawe – ac mae'n deg dweud iddi gael 'i lleoli mewn man er mwyn iddi fethu, y man fwyaf anghyfleus posib. Heddiw, mae dros 300 o blant yno. Methu?

Brwydr eto fu hi i sefydlu'r Ysgol Uwchradd Gymraeg gynta – Ystalyfera – ac fe'i lleolwyd hithau, os ca'i ddweud, nid yn y man mwyaf delfrydol i wasanaethu Sir gyfan!

Brwydr fu sefydlu'r ail ysgol uwchradd – Ysgol Gyfun Gŵyr – a hyd y gwela i, brwydr fydd hi i agor unrhyw ysgol Gymraeg arall yn y Sir 'ma hefyd.

Dewch nôl at y Gymraeg fel pwnc craidd a sylfaenol. Bellach, mae statud gwlad y tu cefn i'r iaith yn ein hysgolion. RHAID ei dysgu, ar lefelau gwahanol, yn holl ysgolion cynradd ac uwchradd y Sir. A bydd rhaid, yn ôl gofynion y ddeddf, i'r dysgu hwn gael 'i asesu yn saith, un ar ddeg, pedair ar ddeg ac un ar bymtheg oed. A'r broblem enfawr sydd yn wynebu Awdurdod Gorllewin Morgannwg yw sicrhau cyflenwad digonol o athrawon i gyflawni'r dasg hon.

Cymerwch yr ysgolion craidd – yr Ysgolion Cymraeg eu cyfrwng yn y sector Uwchradd – o ganlyniad i nifer o ffactorau, mae yna brinder eithriadol, gyda mwy a mwy o ysgolion yn rhedeg ar ôl llai a llai o athrawon cymwys. Bydd diogelu'r Gymraeg fel pwnc sylfaenol ar sylabws ysgolion uwchradd yn creu problem aruthrol o fawr. Ac yna trown at y sector gynradd, sef yr ysgolion lle mae'r Gymraeg yn bwnc craidd. Gallaf ddweud un peth yn gwbwl hyderus, bod sefydlu'r Gymraeg yn bwnc sylfaenol yn mynd i greu problemau aruthrol. I danlinellu'r broblem sydd yn wynebu'r Awdurdod, fe wna'i gynnig dau ddyfyniad i chi.

Yn gyntaf o adroddiad Arolygwyr ei Mawrhydi ar ddysgu Cymraeg fel ail iaith yn ysgolion uwchradd y Sir. Dyma sy'n cael'i ddweud:

'Nid yw'n anarwyddocaol fod cymaint ag un rhan o dair o athrawon sy'n dysgu yn yr adrannau Cymraeg yn ddigymhwyster ar lefel briodol'; ac yna yr ail ddyfyniad, o adroddiad Arolygwyr ei Mawrhydi ar athrawon bro yng Ngorllewin Morgannwg:

'Y mae'r dasg o ddatblygu addysg Gymraeg fel ail iaith yn yr ysgolion cynradd a wyneba'r tîm athrawon bro yn sylweddol.'

Pan ddaw'r Gymraeg yn bwnc sylfaenol statudol, nid dim ond sylweddol fydd y problemau – mae'n bosib taw argyfyngus fydd y disgrifiad priodol.

Ga'i orffen y sylwadau digon annigonol hyn drwy wneud un neu ddau bwynt fel sylwadau cyffredinol ar sail cwestiwn – a dyma'r cwestiwn:

Pam nad yw'r Gymraeg wedi ennill llawer mwy o dir yn ein cyfundrefn addysg ar ôl deugain mlynedd o frwydro cyson? Mae yna ddau faes i sylwi arnynt yng nghyd-destun y cwestiwn.

Yn gyntaf, agwedd yr Awdurdod Addysg, a phersonau all-weddol y tu mewn i'r Awdurdod hwnnw; yn ail, y rhieni, yn arbennig y Cymry Cymraeg. Er bod 'da fi lawer iawn o dda i'w ddweud am lawer iawn o rieni – mi allai'r gefnogeth a'r pwysau am ddatblygiad fod wedi bod lawr yn fwy. Wedi'r cwbwl, y ffactor allweddol sy'n mynd i orfodi'r Awdurdod i ehangu a datblygu'r iaith yn y diwedd yw rhifau disgyblion. Oherwydd bod yr iaith ei hun yn cael 'i disbrisio, mae'n colli ei hurddas. Yn y cyd-destun hwn mi fyddwn i yn mynnu bod darllen gweithiau y diweddar Athro J.R. Jones yn ddarllen gorfodol i bob Cymro – boed yn Gymro Cymraeg neu ddi-Gymraeg. Yn y gyfrol *Gwaedd yng Nghymru* mae yna lith o dan y teitl 'Ni chedwir mo'r iaith am ei bod hi'n werth ei chadw' – dyw'r cymhelliad hwn ddim yn ddigonol. Ni fydd rhoi urddas cyfrwng addysg yn ddigonol chwaith. Medde J.R. – mae iaith yn fwy o lawer na rhywbeth sy'n werth ei chadw – mae'n fwy o lawer hefyd na chyfrwng addysgol.

Mae, yn ôl J.R. – a'i roi hefyd yng ngeiriau Gwenallt – 'yn un o dafodieithoedd datguddiad Duw' a hyd nes y rhoir i'r iaith yr urddas hwnnw – urddas y mae'n ei hawlio ac yn ei deilyngu – yna brwydro fydd ein rhan, ac ymdrechu fydd ein tynged.

TEYRNGEDAU

GARETH

Ar y gwynt fe eilw'r gog
Rydd o goedydd Llangadog,
A chân hir mwyalchen iach
Yw'r clod i bentre Clydach.
Mae'r dail yn drwm ar dyle,
Mai a'r daen yn twymo'r De.

Mae castiau'r angau ar waith
I'n hudo o'i anfadwaith.
Dyna'i law o dan liwiau
Y twyni ir yn tynhau,
Ei wyneb dan wair mynydd
A'i ias ar gamlas a gwŷdd.

Ewinodd yr unionaf
O wŷr Duw pan wridai haf;
Rheibio yr ynni didwyll
A rhoi i'r tir liwiau'r twyll;
Ei ddwyn oedd cipio pob peth,
Dwyn y Gwir oedd dwyn Gareth.

Hebron heb galon, heb gân,
A rhyfedd gwagle'r Hafan.
Aeth ei annwyl chwerthiniad,
Aeth o'r tŷ holl frwythau'r tad,
A'r Cwm yn bengrwm heb un
A ddododd ynddo'i hedyn.

Ni ddaw fwy huodledd ei fat
I naws ha' ein hen seiat.
'Dyw'r cae ond erwau ceuwag,
Nid yw'r gêm ond orig wag,
A byd hyll heb ei het wen
Yw anialwch San Helen.

Pwyllgor heb angor, fel bad
Yn ei wyll cyn y drylliad.
Y mae'r ysgol heb olau
A gewyn iaith yn gwanhau.
Colli'n llyw, colli'n llewyrch
A'n cawr fu ar flaen pob cyrch.

Herio'n byd neu drin y bêl,
Gareth a ledai'r gorwel.
I doddi'n hoerni fe wnaeth
Dân agos o'i Gristnogaeth.
Duw a'i lais mewn dwylo oedd,
A'i radau mewn gweithredoedd.

Un teulu oem; at y wledd
Dygai win ein digonedd
A thorrai y dorth erom
Ar hyd yr ing a'i awr drom.
Gareth, dy Ffydd ni fethai,
Cael hon fydd haearn i'n clai.

O hen goedydd Llangadog
Ar y gwynt fe eilw'r gog
I ddiolch, diolch bob dydd
Am Gareth, ein magwyrydd.
Mawr ein hanrhydedd heddiw,
Nabod hwn oedd nabod Duw.

ROBAT POWEL MEDI 1989

Bro ei Febyd

Cymuned ddifyr, Gymraeg ei hiaith, oedd Llangadog pan gafodd Gareth ei fagu yno. Y capel a'r dafarn oedd dau begwn bywyd y plwyf, er bod llawer i gapelwr yn mwynhau cymdeithas y dafarn ac yr oedd rhai nad aent i na thafarn na chapel. Llewyrchai bywyd y tafarnau. Roedd llawer ohonyn nhw. Pan es i fyw i'r gymdogaeth yn nechrau'r rhyfel gallai'r pentref bach o ychydig gannoedd ymffrostio yn y Telegraph, Golden Lion, Red Lion, Carpenters, Castle a'r Plough, yn ogystal â'r Three Horse Shoes, Pont Aber a'r New Inn yn rhan ddeheuol y plwyf ar y ffordd i'r Mynydd Du. Arhosai enwau tafarnau eraill ar dai yn y pentref a'i gyffiniau, megis Square and Compass, Towy Bridge, Railway, Rose and Crown, Glanbrân Arms, White Lion a White Hart. Tystiai'r rhain i'r traffig trwm ceffylog a fuasai'n mynd trwy Langadog i hercyd calch o'r Mynydd Du. Galwai'r gyrwyr ceirt a gambos i dorri eu syched wrth fynd a dod o'r mynydd, ac weithiau bwrent nos yn y pentref, canys deuai llawer ohonyn nhw o bellter. Heblaw hyn datblygodd traffig dros y Mynydd Du o Frynaman, nad oedd a wnelo ef â chalch, i'r pentref tafarnog a elwid yn Drewanc gan bobl y Gwter Fawr. Geiriau cytgan un o'r caneuon a sgrifennai

Mary Eleanor (Nel) a Daniel Llywelyn Thomas gyda Beryl, Gareth a Nansi.

Rhieni Gareth: Nel a Llew Thomas

Dr. Richards, meddyg yn Llangadog, i barti Doniau Difyr Dinefwr a arweiniwyd gan Rhys Dafis Williams, oedd,
> Ni ddylai'r un bachgen sy'n byw yn y wlad
> Fynd lawr i Langadog heb siarad â'i dad.

Manny Price, comic gorau Sir Gâr, a ganai benillion y doctor.

Ond yn y cyfnod diweddar syched rhai o bobl Llangadog ei hun oedd pennaf cynhaliaeth y tafarnau. Er enghraifft, dyna hen frawd ffraeth a hawddgar o'r enw Daniels a weithiai gyda fi yn y tai gerddi yn achlysurol hyd at ei bedwar ugeiniau. Dywedodd y Parchg. Dr. Lewis Evans wrthyf fod Daniels wedi etifeddu nifer o fferymydd fel mab i sgweier bach yn ymyl Nantgaredig. Cafodd dostrwydd yn ei wddf un tro ac aeth i weld Dr. Lawson, ein Sais o feddyg ar y pryd. Goleuodd y meddyg ei fflach ac edrychodd i lawer i wddf Daniels. 'I can't see anything there,' meddai. 'That's a funny thing,' ebe Daniels, 'three farms have gone down there.' A dyna'r Daniels arall a gadwai'r post, cyfaill cynnes o genedlaetholwr, yntau â'r un gwendid. Roedd allan yn hwyr un noson, wedi ei dal hi, pan glywodd fod Mrs. Daniels yn chwilio amdano. Rhedodd yn ôl i'r tŷ ac i'r llofft. Neidiodd i mewn i'r gwely ac agorodd ymbarél uwch ei ben. 'Rown i'n barod am y storom,' meddai.

Pentref clos oedd Llangadog, a phawb â diddordeb ysol ym mywyd ei gilydd. Canolfan pob gwybodaeth am glecs a digwyddiadau'r pentref oedd siop Mrs. Gravelle ar y sgwâr. Trwy Mrs. Gravelle y taenwyd y newyddion da a drwg a ddaeth i'r fro. Pan aned Alcwyn Deiniol, yr hynaf o'n plant ni, yn Aberystwyth, cefais

Capel Providence, Llangadog

Y Dosbarth Ysgol Sul
Cefn (chwith i'r dde): **Daniel Evans, Cefngornoeth; Audrey Jones, Mans; Aneurin Williams, Rhydyfro; Sali Perkins, Rhydyfro; Gareth Thomas, Penygraig; John Davies, Tycapel.**
Blaen: **Marjorie Hughes, Godre'rgarreg; Beryl Thomas, Penygraig; Beti Jones, Tanybryn; Gwynfor Evans; Edith Meredith, Tyrheol; Nansi Thomas, Penygraig.**

neges ffôn ganol nos. Es i'r pentref erbyn naw y bore wedyn i ddanfon telegram o lawen gyfarchion at Rhiannon. Er syndod imi cefais fy llongyfarch yn gynnes gan Mrs. Gravelle. Sut yn y byd y gwyddai hi? Nid oeddwn wedi dewud wrth neb. Mrs. Daniels y post, a ofalai am y gyfnewidfa ffôn, a ddwedodd wrthi. Trwy'r gyfnewidfa leol y trosglwyddid pob galwad yn y dyddiau cyntefig hynny.

I aden gapelog y gymdeithas y perthynai'r Thomasiaid, teulu gwerinol, clos, hapus, ond digon llwm eu hamgylchiadau. Gweithiwr heol dan y cyngor sir a aned yn Llangadog oedd Mr. Llew Thomas, tad Gareth, gŵr mwyn a thawel, ond cadarn ei safiad. Gweithwyr heol oedd ei ddau dad-cu hefyd. Roedd ei dad-cu ar ochr ei dad, Ifan Thomas, yn ddiacon ac arweinydd y gân yn Seion, capel y Bedyddwyr, ac fe'i dilynwyd yn y swydd honno gan Mr. Llew Thomas ei hun, a feddai ar lais tenor hyfryd fel ei frawd Tom. Roedd Maggie, chwaer Llew a Tom yn unawdydd o gontralto. Dyna'r math o lais a etifeddwyd gan Nansi, chwaer Gareth, a fu'n aelod o Gôr Telyn Teilo o'r dechrau.

Ganed Mrs. Nel Thomas, mam Gareth, yn Siloh ger Llanymddyfri, yn ferch i John Williams, Gatfach, gweithiwr heol a gadwai dyddyn bach, fel y gwnâi Ifan Thomas. Roedd John Williams yn adroddwr mewn eisteddfodau, yn ddiacon yng nghapel Siloh a lanwai'r pwlpud pan fai angen. Bu Rhys Williams ei frawd yn weinidog yn Hengoed. 'Roedd 'na bregethwyr yn achau Gareth. Ar ôl bod yn ysgol Cilycwm aeth Nel yn gynnar i wasanaethu ar ffarm ar lethrau Mynydd Trichrug yn ardal Bethlehem, Llangadog. Tanlan oedd ei enw ar y map ond fel Y Frechdan yr adnabyddid hi ar lafar gwlad – gair Gwyddelig, un o amryw yn y parthau hynny. Yno y cwrddodd â Llew a wasanaethai yn Gurnos, fferm wrth odre'r Trichrug. Gweithio mewn cwar oedd Llew pan briodasant. Symudodd i felin lif yn Llangadog, ac wedi cael damwain i'w law aeth i weithio ar yr heol.

Mewn bwthyn bychan iawn yn ymyl comin Carregsawdde y magwyd Gareth, Nansi a Beryl heb ddim moethau materol. Pan godais dai gwydr ym 1939 cyflogais ŵr a fu'n gweithio mewn chwarel ac un arall oedd yn was ffarm. Punt a chweugian oedd cyflog y ddau cyn dod ataf. Ni fyddai cyflog Mr. Llew Thomas lawer os dim yn fwy na hynny pan briododd. Gan hynny byddai Gareth yn falch o'r hyn a gâi wrth gasglu calennig ar Nos Galan pan âi ar ei rownd o gwmpas ffermydd ardal Carregsawdde ar ôl canol nos i ganu pethau fel,

> Blwyddyn newydd dda ichi
> Ac i bawb sydd yn y tŷ.
> Dyna yw'm dymuniad i,
> Blwyddyn new-ydd dda ICHI.

A'r gân fwy dolefus honno,

> Mae'r flwyddyn wedi mynd,
> Ni ddaw hi byth yn ôl.
> Mae wedi mynd â llawer ffrind
> Yn gynnes yn ei chôl.
> Yn gynnes yn ei chôl,
> Yn gynnes yn ei chôl.
> Mae wedi mynd â llawer ffrind
> Yn gynnes yn ei chôl.

Câi Gareth groeso nid yn unig am ei fod yn fachgen mor siriol ond o achos ei fod, ac yntau'n dywyll ei wallt, yn dwyn lwc dda i'r cartrefi. Pan âi i ganu yn ystafell wely William Griffiths Dolbant, tad Myfi Morgan – gwraig arbennig iawn a roddodd ei chartref hardd ar y comin i Eglwys y Providence – yr hyn a argraffodd ei hun ar ei gof oedd yr het wlân gyda thasel a wisgai'r hen Mr. Griffiths ar ei ben yn y gwely. Ni pheidiai'r cof am hyn â dwyn y pwff chwerthin a'r wên gyfareddol honno i wyneb Gareth.

Fel y gwelsom, y mae canu yn y teulu. Mae gan Mrs. Thomas hithau lais alto da. Cawn ei glywed yn aml yn y tai gerddi lle y bu'n gweithio gyda fi am chwarter canrif. Roedd cantorion ardderchog ymhlith y gweithwyr. Bu Gwilym Edwards, baswr o Benllergaer, yn unawdydd poblogaidd, ac yr oedd Bertie Williams a John ei fab yn denoriaid melys iawn, tra roedd lleisiau da gan nifer o'r gwragedd. Byddai'r canu corawl rhagorol yn ychwanegu'n fawr at y pleser o weithio yno heblaw helpu'r tomatos i dyfu.

Capel yr Hen Gorff yw Siloh lle y derbyniwyd Mrs. Thomas yn aelod, ond wedi iddi ddod i weithio yn Y Frechdan âi i gapel Annibynnol Bethlehem a oedd filltir neu fwy i ffwrdd ar y goriwaered yn Nyffryn Ceidrych. Dolennai'r ffordd i'r capel o'r Frechdan heibio'r Garn Goch, un o'r bryngaerau mwyaf nodedig yng Nghymru gyda'i dwy wal gerrig enfawr uchlaw'r rhedyn sy'n goch am naw mis o'r flwyddyn. Pan gâi'r teulu ei fagu yng Ngharregsawdde cymerai Mrs. Thomas y plant i Ysgol Sul y Providence, capel Annibynwyr, Llangadog, ac wedyn i oedfaon y capel a ddigwyddai fod dipyn yn nes na Seion y Bedyddwyr lle'r âi Mr. Llew Thomas. Maged Gareth gan hynny yn Annibynnwr. Âi'n gyson gyda'i chwiorydd i'r cwrdd plant a dod yn adroddwr da. Roedd ganddo lais canu hyfryd hefyd a bu'n aelod o gôr Mrs. Laura Lloyd Gwynne, un o ddau gôr plant ardderchog y cylch. Y llall oedd côr enwog Mrs. Simon, Cwmdâr, a gwrddai yn efail Mr. Simon; roedd waliau'r efail yn llawn miwsig a barddoniaeth.

Dywed Nansi fod y plant yn dwlu ar fynd i gyrddau'r capel, a oedd yn ganolfan ddiwylliannol yn ogystal â chrefyddol, gyda'i gymdeithas ddiwylliadol a'i gwmni drama, ei gôr a'i gyngherddau. Ffordd boblogaidd o godi arian oedd cynnal darlith gyhoeddus. Deuai cannoedd i wrando ar ddarlithwyr gorau Cymru, megis Jubilee Young a Dyfnallt, H.T. Jacob a Lewis Tymbl. Rhoddai eu dawn ysgubol y pleser a geid mewn drama. Gwir fod dau ryfel a chynnydd seciwlariaeth wedi difrodi cynulleidfaoedd y Sul. Yn nyddiau'r Parchg. Elias Thomas, tad Glyn Thomas a thad-cu Rhodri Thomas, roedd yn rhaid cyrraedd cwrdd yr hwyr chwarter awr cyn pryd i gael sedd. Ond parhâi egni ymhlith yr aelodau a addolai yn y capel.

Roedd y llyfrau a roddid yn wobrau yn y cyrddau cystadlu ym mharti'r Nadolig ac am gasglu at y genhadaeth dramor yn atyniad arbennig. Cadwyd y llyfrau hyn yn ofalus gan y plant trwy'r blynyddoedd. Prin iawn oedd llyfrau gartref am na ellid fforddio eu prynu. Un rheswm pam y treuliai Gareth lawer o amser yng nghartref ei dad-cu Ifan Thomas oedd bod 'na lyfrau yno.

Y comin mawr yn ymyl y tŷ, ac Afon Sawdde a redai drwyddo, oedd canolfan difyrrwch awyr agored y plant. Am iddo gael ei eni ar ffin y comin roedd Gareth yn gominwr a chanddo'r hawl i gadw defaid yno. Er na fanteisiodd ar hyn bu'n bysgotwr selog er pan oedd yn grwt bach a pharhâi i ddod nôl i bysgota Sawdde a Brân ar hyd ei fywyd. Wrth reswm prynai drwydded bysgota pan oedd mewn oed, ond dysgodd ef a'i chwiorydd ym more oes y grefft o oglais a dal brithyll a hyd yn oed samwn. Dan y gored ar Afon Sawdde y ceid y pyllau mwyaf toreithiog. Nid yw'n syndod fod Llangadog a'i thair afon – rhedai Tywi trwy waelod y plwyf – yn fagwrfa potsiars o fri; ymunodd Gareth â'r cwmni tuag wyth oed.

Y comin oedd y maes chwarae. Dilynodd Gareth a'i chwiorydd eu tad yn eu hoffter o chwaraeon, ac yr oedd ganddynt gefnder o bencampwr yn byw ar y comin i'w efelychu. Chwaraeai Gareth socer, rygbi a chriced yn dda, ac fe barhaodd i chwarae a rhedeg ar ôl mynd i'r weinidogaeth. Hyd yn oed wedi iddo briodi fe enillodd y râs ganllath yng ngharnifal Llangadog. Chwaraeai rygbi dros Ysgol Pantycelyn, Llanymddyfri, ac wedyn bu'n aelod o dîmau trefydd Llanymddyfri ac Aberystwyth. Maswr oedd Gareth fel arfer; weithiau chwaraeai ar yr asgell. Ond criced oedd y gêm a gâi ei galon. 'Roedd diddordeb mewn criced ganddo,' meddai Dennis Edwards, 'oddi ar pan oedd e'n gallu cerdded. Gallai wneud y "cover drive" perta welsoch chi, ac yr oedd yn faeswr

Tim Criced Ysgol Ramadeg Llanymddyfri (1954-55)
Cefn: A. Davies, Ian Smith, John Leonard, Gareth, Glanville Richards, Maldwyn Jones, John Edwards.
Blaen: Prifathro Islwyn Williams, Raymond Fellows, Byron Davies, Twynog Davies, John Rees, Tegwyn Davies, T.J. Howells.

penigamp.' Bois y comin oedd mwyafrif tîm Llangadog bryd hynny. Prin bod maes y comin o safon yr Oval; roedd gormod o dyllau a thwmpathau gwaddod i hynny. Serch hynny, pan oedd Gareth yn grwt yn y tîm, ymwelai tîmau o Randirmwyn, Cilycwm, Cynghordy, Llanymddyfri, Llanwrda, Llwynbrain a Llansadwrn. Cymry Cymraeg oedd eu haelodau oll medd Dennis Edwards.

Roedd Mrs. Nel Thomas a'r plant yn od o ffyddlon i'r Ysgol Sul. Am flynyddoedd bu Mrs. Thomas yn athrawes dosbarth plant ac yn arolygwraig, a dilynodd Gareth ei chwaer Nansi fel arolygwr. Roedd ef a'i chiworydd yn aelodau o'm dosbarth i bryd hynny. Erbyn bod Gareth yn bymtheg oed ymunwyd â'r dosbarth gan Benji Barr, sy'n ddarlithydd hŷn ym Mholitechnig Pontypridd ac yn awdurdod yn ei faes sy'n teithio'r byd; a Glyn Evans, sy'n ben yn ei alwedigaeth fel gynaecolegydd; a Ronald Williams a ddaeth yn frawd-yn-nghyfraith i Gareth, gweinidog gyda'r Annibynwyr yng Nghaernarfon yn awr; a Dafydd Prys, un o'm bechgyn i. Cofia Dafydd am Gareth fel y bywiocaf o'r dosbarth. Efe a ofynnai fwyaf o gwestiynau, ac ef oedd y parotaf i gynnal ei safbwynt ei hun a dadlau drosto. Ymlaen yn ei arddegau roedd ei bersonoliaeth wedi datblygu'n glir ac annibynnol. Daeth hyn yn amlwg mewn dwy neu dair pregeth a gafwyd ganddo o bwlpud y Providence. Dameg yr ŷd a'r efrau oedd testun un o'i bregethau. Bu dehongliad Gareth fod rhaid gadael llonydd i'r drygionus fynd eu ffordd eu hunain, yn destun trafod rhyngom. Braint fawr a gefais fel athro Ysgol Sul oedd bod tri o'm dosbarth yn y weinidogaeth Gristnogol. Mab i weithiwr heol oedd un; bu tad un arall yn saer am dros ugain mlynedd; a thyfwr tomatos oedd tad y trydydd. Y Parchg. Alwyn Williams, gweinidog pedair eglwys Annibynnol plwyf Llangadog, yw'r cyn-saer. Priododd Gareth ag Annette, ei ferch ef a Mrs. Williams, gan ddwyn y ddau deulu ynghyd mewn cwlwm clos iawn.

Sefydliad mwyaf adnabyddus Llangadog oedd yr Eisteddfod ddeuddydd, sy'n dal yn llewyrchus. W.T. Morgan oedd ei hysgrifennydd am flynyddoedd mawr. Parhaodd yn ysgrifennydd hyd yn oed wedi iddo ef a'i deulu symud i gadw wâc laeth yn Llundain. Gallai Eisteddfod Gadeiriol Llangadog ymffrostio mai hi oedd yr unig eisteddfod â'i swyddfa yn Llundain. Byddai Mr. Llew Thomas yn barod iawn â'i help wrth y drws fel y byddai gyda'r nosweithiau a drefnai Plaid Cymru. Teulu o genedlaetholwyr a'u calon yn y Pethe oedd y Thomasiaid. Pan ffurfiwyd cwmni noson lawen rhagorol Y Ddraig Goch gan Mrs. Dolben o fendigedig goffadwriaeth, merch Watcyn o Feirion, a aned yn nhŷ swyddfa bost Capel Celyn sydd dan y dŵr ers blynyddoedd, roedd Nansi a Beryl, chwiorydd Gareth, wrth gwrs yn aelodau, a bu Gareth yn ei arwain sawl gwaith.

Nid oedd y cylch heb ei feirdd gwlad. Dau y dewiswyd eu gwaith i ymddangos yng nghyfrol *Awen Myrddin* oedd Dennis Edwards, crydd y pentref, sy'n dal yn addurn i'r fro, a Gwilym Williams, Sbaen. Enw ei gartref oedd Sbaen; wynebai Twrci, tŷ gyferbyn ag ef gydag Afon Sawdde'n rhedeg rhyngddyn nhw trwy hollt dwfn yn y graig. Ei enw barddol oedd Ap Pelagius. Yn Llanddeusant, y plwyf nesaf, roedd David Evans, Blaencrynfe'n canu. Cyhoeddwyd cyfrol o'i ganeuon ef dan y teitl *Murmuron Crynfe.* Ym Mhontcrynfe, lle rhêd Crynfe i Sawdde, roedd John Thomas yn byw, un o bobl fwyaf peniog a diwylliedig y gymdogaeth. Gwehydd oedd ef a droes yn bostman er mwyn ei iechyd. Pan ddechreuodd ei frawd redeg bws, John a ofalai am yr ochr fusnes a bu'n un o'r Thomas Bros. gwreiddiol y tyfodd eu cwmni bysiau yn fawr.

Mae Pontcrynfe ar ffin Gwynfe. Yng nghyfnod ieuenctid Gareth, Gwynfe oedd ardal fwyaf diwylliedig Sir Gâr. Bu yno gwmni o wŷr a gwragedd eithriadol o beniog, megis Joseph Evans, y cynghorwr dosbarth a fu'n ysgrifennydd Capel y Maen am dros hanner canrif. Nid yw'n syndod mai yno y sefydlwyd cangen gyntaf etholaeth Caerfyrddin o Blaid Cymru ar ôl y rhyfel. Yng Ngwynfe y codwyd Syr John Williams, prif noddwr y Llyfrgell Genedlaethol. Yn ysgol Gwynfe y bu Beriah Gwynfe Evans yn brifathro, awdur, dramodydd, newyddiadurwr ac ysgrifennydd mudiad Cymru Fydd pan oedd Lloyd George yn ei arwain. Yr ysgol oedd canolbwynt bywyd diwylliannol y rhan hon o blwyf Llangadog o dan arweiniad Conwil Jones y prifathro a Mrs. Jones, y ddau'n gantorion gwefreiddiol. Pan es i fyw i Langadog dau ddi-Gymraeg oedd yn byw yng Nghwynfe ac Evans oedd eu henw nhw. Heddiw y mae mwyafrif pobl Gwynfe'n Saeson, a'r ysgol ers blynyddoedd yn Saesneg ei hiaith.

Tim Rygbi Tre Llanymddyfri
Gareth yw'r ail o'r dde yn y rhes flaen

Fel y gwelir yn yr ysgrif hon cerddoriaeth oedd prif gyfoeth diwylliant bro Llangadog. 'Côr Gravelle', y bu Gareth yn aelod ohono am sbel, oedd ei ogoniant. Bu W.J. Gravelle, arweinydd tra rhagorol y côr, yn signalman ar y rheilffordd. Roedd yn gerddor at flaenau ei fysedd. Chwaraeai bron pob offeryn dan haul a dysgu eraill i chwarae rhai ohonyn nhw. Am fod gan y côr gerddorfa ei enw mawreddog oedd The Cadogian Philharmonic Society. Roedd cyfoeth lleisiau'r côr, yn wŷr a gwragedd, yn rhyfeddol. Perthynai'r cymdogion a'n cylchynai oll i'r côr, Philip John Price, Bryntywi, Abraham a Maggie Jones, Llwyncelyn, Daniel Morgan, Penybanc, Haydn Davies, Danygarn, Gwyndaf Davies, Talgarn a Willie Williams, Cefn Coed Arlwydd, pob un â llais cyfoethog. Perfformid oratorio neu ddau bob blwyddyn, a gwyddai Rhiannon fy ngwraig a fu'n ysgrifennydd y côr am saith mlynedd ar hugain eu bod yn taro deuddeg pan welai'r dagrau'n cronni yn fy llygaid. Bu traddodiad corawl cryf yn y cylch ers canrif o amser. Yn yr ugeiniau cystadleuodd dau gôr o Langadog, Côr 'Y Maer' a Chôr Lloyd y post yn eisteddfod fawr Llanelli. Dywed Hywel Teifi yn *Codi'r Hen Wlad yn ei Hôl* fod neb llai nag Eos Morlais yn arwain Côr Llansadwrn, y plwyf nesaf yr ochr draw i Afon Tywi, mewn eisteddfod yng Nghynwyl Gaeo 'pan ddyfarnwyd y brif wobr gan Ieuan Gwyllt i Gôr Llanymddyfri dan arweiniad Caradog. Daeth côr Llansadwrn yn gydradd ail â Chôr Rhandirmwyn dan arweiniad David Francis.'

Ymadawodd Gareth â Llangadog yn ddwy ar bymtheg oed i weithio ym Manc National Westminster Abertawe, er y byddai'n dychwelyd adref dros y Sul. Fe gâs ei fwrw oddi ar ei echel yn wleidyddol am sbel gan y newid chwyrn yn ei amgylchedd diwylliannol ac fe'm hysgytwodd pan ddwedodd ei fod bellach yn Dori. Dyna'r unig dro imi siarad yn siarp iawn ag ef. Ond yr oedd gafael diwylliant a gwerthoedd ei febyd yn rhy dynn iddo aros yn hir ym mhebyll yr annuwiolion, a buan yr adferodd ei bwyll. Pan aeth i weithio yn Aberystwyth yn ugain oed cafodd ei gadarnhau yn y pethe gan y Parchg. Gwilym ap Robert, ac wedyn gan y Parchg. Tudno Williams, Lewisham ar y pryd, pan ddanfonwyd ef gan ei fanc i Lundain bedair blynedd yn ddiweddarach. Daliai i chwarae rygbi, yn gyntaf i drydydd tîm Llundain Banc y Nat West, wedyn i'r ail, ac yna cafodd ei ddewis i'r tîm cyntaf. Ystyrid bod chwarae dros brif dîm y banc yn rhoi dyn ar lwybr dyrchafiad. Ond er syndod i'r mawrion gwrthododd Gareth chwarae drosto am mai ar y Sul y chwaraeai.

Yn fuan wedyn penderfynodd fynd i'r weinidogaeth. Yn naturiol, o gofio llymder amgylchiadau ei fagwraeth, bu hyn yn siom fawr i'w dad, a geisiodd ddal pen rheswm ag ef. Pam oedd e'n cefnu ar ragolygon am swyddi mor fras a chysurus a dewis tlodi cymharol bywyd gweinidog? Dal at ei benderfyniad a wnaeth Gareth, a maes o law doedd neb yn falchach ohono na'i dad. Aeth i'r Coleg Coffa i eistedd wrth draed Pennar Davies, un o wŷr mwyaf Cymru. Cyn ei fod yn ddeg ar hugain roedd eisoes yn dechrau gwneud ei ôl fel gweinidog, fel ymladdwr dros addysg Gymraeg ac fel heddychwr – fe oedd cadeirydd cyntaf Cymdeithas y Cymod yng Nghymru, ac yn y swydd honno trefnai gynadleddau llewyrchus i bobl ifainc yn Llangrannog. Roedd y gŵr a garem wedi dod i'w oed, yn ymgorfforiad hardd o werthoedd gorau ei fagwraeth. Amlygai'r wyth gant a orlenwai Gapel Hebron fod Cymru wedi colli tywysog.

GWYNFOR EVANS

Gareth, Annette, Elin, Non, Dafydd gyda Mrs. Nel Thomas (1986)

Pytiau o'r *Cambrian News*

Rhagfyr 16, 1960
ABERYSTWYTH 12 COLEG Y DRINDOD, CAERFYRDDIN 0
Thomas gets nine points
In the first half, Aberystwyth got 9 points and Gareth Thomas scored every single one of them. First, Peter Evans tackled hard and gained possession from a College back movement, and sent Thomas away on a fine run over half the length of the field.
Then, when Aber were firmly encamped on the visitors' 25, Thomas was given the opportunity to kick two fine penalty goals.

Ionawr 20, 1961
ABERYSTWYTH 21 ABERTEIFI 0
The determined running of Gareth Thomas, on the right wing, finished off attacks so well that he scored 4 tries himself in his best performance since he joined Aber club just over a year ago.

Mawrth 3, 1961
Gareth Thomas remains the leading try scorer, followed by W. Morris, unfortunately injured at present.

Mawrth 31, 1961
ABERYSTWYTH 9
OLD LUCTONIANS 3
Aber got their 3 unconverted tries by first class opportunitism of a type they have rarely shown this season, and it was significant that two of them were snatched by their top-scoring right wing, Gareth Thomas, who is always lively and alert.

Medi 28, 1962
ABERYSTWYTH 23 BIWMARIS 6
The only other score before the interval came from the best combined passing movement of the game, and saw Gareth Thomas go over in the corner for a splendid unconverted try.

Tim Rygbi Aberystwyth

Gareth yw'r un ar ochr dde'r rhes flaen

Y Parchedig Gareth Thomas

Gyda hyfrydwch pur y manteisiaf ar y cyfle hwn i ysgrifennu gair am y diweddar Barchg. Gareth Thomas.

Cofiaf yn arbennig amdano yn ystod ei ddyddiau yn Aberystwyth, pan ddaethai yno i weithio yn y banc, a phan ddaeth er llawenydd i mi, yn aelod yng nghapel yr Annibynwyr, Seion, Baker Street. Yno yr oedd yn aelod ffyddlon iawn, ar y Sul wrth gwrs ond hefyd ar noson waith, lle yn aml y cymerai ran yn gyhoeddus. Yr oedd hynny ynddo ei hun yn werthfawr, ond y peth a'm trawodd ar unwaith oedd ei fod yn dduwiol heb fod yn orgrefyddol, neu beth bynnag yn ffug grefyddol. Nid oedd ynddo ddim o'r ystumiau crefyddoldeb a aeth yn gymaint o bla arnom fel Cymry. Daeth i'r bywyd crefyddol yng nghapel Seion â thipyn o awyr iach y byd seciwlar, yn enwedig yn ei gariad brwd at chwaraeon fel criced a rygbi. Ar yr un pryd yr oedd llawer iawn mwy yn Gareth nag ymwrthod â bod yn or-dduwiol.

Peth arall cofiadwy a ddatguddiodd imi amdano'i hun oedd ei ddyled mawr i Gwynfor, a fu yn athro Ysgol Sul iddo yn ei ddosbarth gartref yn Providence, Llangadog. Bu hyn yn ddylanwad arno ar hyd ei oes, a hyd yn oed yn ei ddyddiau yn Aberystwyth yr oedd yn gwbl ddigymrodedd ar Gymru a Chymreictod, peth oedd yn dra phwysig yn y dyddiau cynhyrfus hynny pan oedd heddlu'r sir yn cadw llygad barcud ar Emyr Llew ac eraill, wedi'r ffrwydriad hwnnw a ddilynodd foddi Tryweryn.

Wedi dweud hyn yr oedd agwedd arall i Gareth a oedd os rhywbeth yn fwy nodedig sef ei fywiogrwydd diwinyddol a oedd yn rhyddfrydol, yn llawn trugaredd, ac yn bendant iawn i'r chwith. Yr oedd pethau yn y ffydd Gristnogol a oedd os nad yn gwbl anghredadwy, beth bynnag yn amherthnasol i'n hoes. Yng nghanol y duedd ddiwinyddol adweithiol hon a'i gorbwyslais ar grefydd bersonol arallfydol, ac yn wyneb yr anghyfiawnder mawr mewn cymdeithas, yr oedd galw mawr am adfer yr efengyl gymdeithasol a aethai dan gwmwl cyhyd. Gweithiodd Gareth yn ddiarbed yn ei bregethu goleuedig yn yr ymgyrch hwn. Ac yr oedd gweld ei wyneb yn y gynulleidfa yn ei gwneud hi'n haws imi hefyd i ddal ati yn erbyn y llif i bregethu yr efengyl gymdeithasol. Pan oedd llawer yn enwad yr Annibynwyr yn dilyn diwinyddiaeth adweithiol Karl Barth daliodd Gareth wrth ei weledigaeth ei hun a fyddai'n gymeradwy gan wledydd tlawd y trydydd byd.

Wrth edrych yn ôl y mae un peth arall a adawodd argraff arnaf. Deuai dro a thro i'm gweld yng Nghaerdydd pan oeddwn yn gwella o'm hafiechyd, ac roedd ganddo reddf a chyffyrddiad bugeiliol sicr. Ond hyn yw'r peth ysgytwol, yr oedd yn llawn tosturi a chydymdeimlad pan ddeuai heibio, a hynny heb roi yr awgrym lleiaf ei fod ef yn dioddef o rywbeth llawer iawn gwaeth ei hun.

Mewn gair, ni chredaf imi wneud fawr ddim mwy buddiol erioed na bod yn weinidog i'r Parchg. Gareth Thomas.

GWILYM AP ROBERT

Golud Gwell na Golud Banc

Ddeng mlynedd ar hugain yn ôl cyfarfûm a llanc o Langadog yn Nyffryn Tywi a ddaethai i weithio i Fanc y Nat West yn Aberystwyth ac o'r adeg honno hyd ei farw ar Fai 12 yn 49 oed bu Gareth Thomas yn un o'm cyfeillion gorau. A defnyddio ymadrodd y de am un nobl, caredig a thriw, gellir dweud yn ddibetrus fod Gareth yn fachan piwr.

Mawrhaodd y fagwraeth a gafodd yn y pentre wrth droed y Mynydd Du a diolchai am ddylanwad ei deulu a theulu'r ffydd sy'n cyfarfod yng nghapel Annibynnol Providence. Un gŵr a gafodd gryn ddylanwad arno yn y capel yw'r Doctor Gwynfor Evans a bu Gareth yn aelod o'i ddosbarth Ysgol Sul. Aelodau eraill o'r dosbarth hwnnw mewn cyfnod diweddarach oedd Ronald Williams, brawd-yng-nghyfraith Gareth sy'n Weinidog Salem, Caernarfon, a Guto, mab Gwynfor a fydd yn ymadael â Chymru i wasanaeth mewn gwlad dramor gyda hyn. Clywsom Gareth yn sôn yn edmygus lawer tro am ddylanwad y gŵr o'r Dalar Wen arno.

Banc y National Provincial, Uplands, Abertawe (1958)

Cefn: **Gareth Thomas, Anita Williams, Howard Higgs**
Blaen: **Maldwyn Davies, Sam Jones**

Yr oedd y banc lle gweithiai Gareth yn Aberystwyth yn yr un stryd â chapel Annibynnol Seion a bu'n mynd yno i'r oedfaon, yr Ysgol Sul a'r Seiat yn ffyddlon. Yr oedd y Parchedig. W.B. Griffiths ar ymadael ac fe'i holynwyd gan y Doctor Gwilym ap Robert, un arall yr oedd Gareth yn meddwl y byd ohono. Bu'i ddylanwad ar y ddau ohonom oherwydd yn ei gyfnod ef yr ymaelodais i yn Seion.

Yr oeddwn i wedi bod y tu ôl i'r cownter yn siop ddillad 'Lampeter House' ar y Stryd Fawr am flynyddoedd cyn i Gareth gyrraedd y dre a diolchodd ef a minnau am y profiad a gawsom mewn siop a banc cyn troi am y Coleg Diwinyddol.

Symudodd awdurdodau'r banc ef o Aberystwyth – i Bicadilly o bobman, ac yn ystod ei arhosiad yn y ddinas fawr bu'n mynychu Eglwys Bresbyteraidd Lewisham lle'r oedd Arthur Tudno Williams yn gweinidogaethu. Ni fyddai Gareth byth yn blino cydnabod ei ddyled i'r ddiadell a'r bugail yn y brifddinas ac yr oedd Arthur Tudno a Gwilym ap Robert yn pregethu yn ei gyfarfod ordeinio yng Ngorseinion ym Medi 1966. Roedd hynny ar nos Fawrth a nos trannoeth cefais innau'r fraint o ddarllen yn yr oedfa cyn i'r Parchg. Glyn Thomas, Wrecsam, bregethu.

Am i Gareth ddod i ddeall am olud rhagorach nag a geir mewn banc ac i minnau wybod fod yna farsiandïaeth bwysicach na marsiandïaeth y siop fe'n cawsom ein hunain yng Ngholeg Coffa'r Annibynwyr yn Abertawe yn ymbaratoi ar gyfer Gwaith y Weinidogaeth yn y chwedegau cynnar. Roedd wedi cyrraedd yno flwyddyn o'm blaen ond cawsom ddwy flynedd ddedwydd yng nghwmni'n gilydd a gweddill y criw. Ac ymhlith y criw yr oedd Gareth Morgan Jones, Brian Evans, Ieuan Davies, Hywel Wyn Richards, Aled Gwyn, Bromley Rees a J.J. Thomas. Yr oedd Meurwyn Williams a James Henry Jones wedi ymadael a dod i Feirionnydd i weinidogaethu a daeth Gareth Morgan, Hywel Wyn a minnau i'r sir ar eu holau, a Brian Evans yn ddiweddarach.

Cawsom hogi'n harfau yng nghwmni'r Prifathro Pennar Davies a'r Athrawon D.J. Davies, Trefor Evans a W.B. Griffiths, crwydro'r wlad i bregethu a chyfeillachu â myfyrwyr Coleg y Brifysgol yn enwedig yn y gymdeithas Gymraeg. Ymwelem â lletyau ein gilydd a difyr fu'r seiadu a'r rhannu profiad hyd yr oriau mân. Fe'n clymwyd yn un a buom yn gyfeillion da byth wedyn. Anodd meddwl mai Gareth, y mwyaf bywiog ohonom, yw'r cyntaf i'n gadael a bylchu'r gadwyn.

Wedi pum mlynedd yng Ngorseinion a Phont-lliw, symudodd Gareth i Hebron, Clydach, a bu'n was da i Grist yng Nghwm Tawe am ddeunaw mlynedd. Roedd wrth ei fodd yn y cwm ac yr oedd pobol ei ddiadell a thrigolion y cwm, yn enwedig y Cymry Cymraeg yn meddwl y byd ohono fel y dangosodd y dyrfa fawr a ddaeth i'w angladd. Priodol oedd i Meurwyn yn ei deyrnged ddyfynnu geiriau'r Gân i Gymru: 'Mae'r graig yn sownd o dan ein traed/A chariad at y Cwm yn berwi yn ein gwaed'.

Yn ei oes lawer rhy fer cyfrannodd Gareth yn helaeth i fywyd ei gymuned a daliodd ar ei gyfle fel aelod o Bwyllgor Addysg Gorllewin Morgannwg i ymgyrchu dros addysg yn y famiaith. Costiodd hynny'n ddrud iddo oherwydd gwrthwynebiad pengaled swyddogion a chynghorwyr Llafur.

Soniodd John Evans, Ysgrifennydd Hebron yn ei deyrnged am lafur di-arbed Gareth yn yr eglwys a hynny yn arwrol iawn yng nghyfnod ei salwch. 'Gwas i Grist a'i gysegr oedd/A didwyll was Duw ydoedd'. Ac nid ei wasanaeth ef yn unig a gafwyd, oherwydd bu Annette ei briod, Elin, Non a Dafydd yn rhan werthfawr o'r weinidogaeth yn ogystal. Edmygwn ddewrder y weddw a'r plant yn nydd eu colled, ond y maent hwy a ninnau yn diolch am y cyfoeth a ddaeth i'n bywydau drwy Gareth annwyl.

Bu gwasanaeth Gareth yn nodedig i'w enwad ac edrychem ymlaen at fod yn ei gwmni yng nghyfarfodydd yr Undeb ac Ysgol Haf y Gweinidogion. Cododd ei lais yn amlach na neb ohonom o blaid y gorthrymedig ac yn Undeb Caerdydd 1984 ef a bwysodd arnom i wneud casgliad i gynorthwyo'r glowyr oedd ar streic. Cofiwn ei bregeth ddisglair ar Luc 4:18-19 yn yr Undeb hwnnw hefyd.

O'r Cyfnod   **W.J. EDWARDS**

Lewisham

Rwy'n cofio mai i'n tŷ ni y daeth Gareth y noson gyntaf iddo gyrraedd Llundain o Aberystwyth; 'roedd o wedi dod i adnabod John a Mair, y mab a'r ferch – John yn gwneud gwaith ymchwil yn y Coleg Diwinyddol a Mair yn y Brifysgol. 'Roedd wedi cael ein cyfeiriad ganddyn nhw ac 'roedd ein tŷ ni yn weddol agos i'w lety yn Ladywell. Gan mai ein capel ni, y Presbyteriaid Cymraeg yn Lewisham, oedd yr agosaf i'w lety, penderfynodd ymaelodi gyda ni.

Bu'n eithriadol o ffyddlon i'n holl gyfarfodydd tra bu'n gweithio yn Llundain. Golygai ein trefn ni fel Presbyteriaid – y gweinidog yn pregethu yn ei bulpud ei hun fore neu nos bob Sul – fy mod

Coleg Coffa'r Annibynwyr 1965-66
Cefn: **W.J. Edwards, Howard Jones, Irfon James, G. Thomas, Maesteg; Hywel Richards, Bryn Jones.** *Ail res:* **John Leyshon, Bromley Rees, Hywel Mudd, Aled Gwynn, Morgan Phillips, Jeffrey Williams, John J. Thomas.**
Blaen: **Brian Wroe, Athro W.B. Griffiths, Athro Trefor Evans, Prifathro Pennar Davies, Athro D.J. Davies, Gareth Thomas, Llangadog, Delfyl Lewis Evans.**

yn gallu bod yn yr Ysgol Sul yn gyson. 'Roedd gennyf ddosbarth dwyieithog o bobol ifainc, a bu Gareth yn aelod selog ohono. Ni fyddem yn dilyn y Maes Llafur swyddogol, ond yn trafod pob math o gwestiynau diwinyddol, ac fel y gallwch yn hawdd ddeall, 'roedd cyfraniad Gareth yn dra diddorol a gwerthfawr. Fe fyddai'n dod hefyd i'r Seiat a'r Cyfarfodydd Llenyddol yn ystod yr wythnos, ac wrth gwrs, byth yn colli oedfa ar y Sul. Yn aml iawn ar nos Sul byddai'n dod i swper gyda ni.

Dywedodd wrthyf un Sul yr hoffai gael sgwrs hefo mi ynghylch ei ddyfodol a daeth adre gyda mi y noson honno. Yr adeg honno y sonioddd wrthyf ei fod yn teimlo iddo gael galwad i'r Weinidogaeth, ac yn hoffi pe gallem ni yn Lewisham hwyluso'r ffordd iddo. Nid wyf yn cofio iddo sôn am gwestiwn chwarae criced y Sul. Y canlyniad oedd imi sôn wrth y blaenoriaid am ei awydd, ac fe benderfynwyd imi ddwyn ei achos gerbron yr Henaduriaeth. Addawodd yr Henaduriaeth roi pob cefnogaeth iddo gan ddeall, wrth gwrs, mai i'r Weinidogaeth gyda'r Annibynwyr y dymunai fynd.

Nid oes fawr ddim arall y gallaf ei ychwanegu am ei gyfnod yn Lewisham, ond dweud ei fod yn boblogaidd dros ben gyda'r aelodau, a'n bod yn hynod falch o glywed am ei benderfyniad. Dangosodd yntau ei werthfawrogiad o'r hyn a gafodd gan yr eglwys yn Lewisham trwy fy nghwahodd i'w gyflwyno drosti yn ei gyfarfodydd sefydlu yng Ngorseinon, ac i bregethu yn oedfa'r hwyr gyda'r Parchg. Gwilym ap Robert.

A. TUDNO WILLIAMS

Ebeneser, Gorseinon a Peniel, Pontlliw (1966-71)

Feddyliais i erioed y byddai'n dod i'm rhan i ysgrifennu gair mewn cyfrol goffa i'r diweddar gyfaill, Gareth Thomas. 'Roedd yn iau na mi o rai blynyddoedd a chredais y byddai ef wedi 'ngoroesi i am flynyddoedd lawer. Nid myfi sydd i holi, serch hynny, paham y mae rhai yn cael eu galw adref yn anterth eu bywyd.

Y tro cyntaf y cyfarfûm â'r brawd annwyl oedd pan ddaeth yn fyfyriwr ifanc i dreulio Sul yn Ebeneser, Gorseinon ym 1964. 'Roedd ymateb aelodau'r gynulleidfa i'w weinidogaeth yn unfrydol; byddai dyfodol disglair i'r 'bachgen' hawddgar, didwyll hwn.

Fel Ysgrifennydd yr Eglwys, 'roedd yn rhan o'm gwaith i lanw Suliau gweigion a heb oedi dim cynigiais iddo ddau Sul arall, un ym 1964 a'r llall ym Mis Mawrth 1965. Cyd-ddigwyddiad

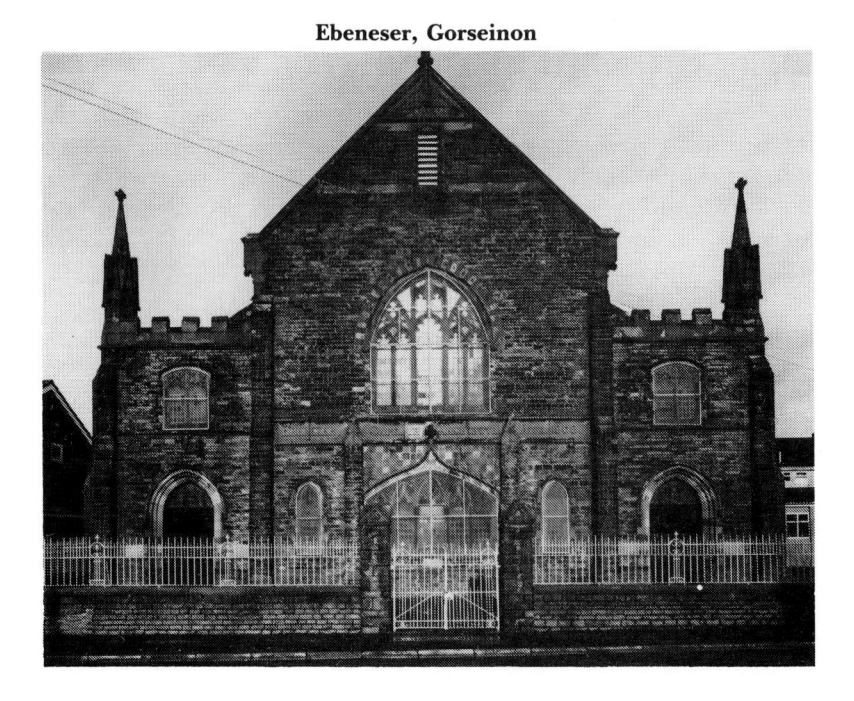

Ebeneser, Gorseinon

Peniel, Pontlliw

tyngedfennol yn hanes Ebeneser oedd hyn oherwydd yn ddiweddarach ym 1965 cyhoeddodd ein Gweinidog, y Parchg. D.A. Thomas, y newydd trist ei fod yn ein gadael a symud i Dregaron. Pwy ddelai yn ei le?

'Doedd dim amheuaeth yn fy meddwl i mai myfyrwyr yn unig y dylid eu hystyried oherwydd y tebygrwydd nad oedd gan Ebeneser yr adnoddau ariannol i gynnal gweinidog profiadol arall, ac efallai y byddai rhyw fyfyriwr yn dymuno dechrau ei weinidogaeth amser llawn yn olynydd i ddyn a oedd yn fawr ei barch fel y ddolen ddiweddaraf yng nghadwyn yr olyniaeth a ddechreuwyd gan y Parchedigion D.H. Thomas a D.J. James. Trafodwyd y posibilrwydd hwn gan y diaconiaid a chael cytundeb mai ar y llinellau hynny y dylid gweithredu. Ar yr un pryd cynhaliwyd trafodaethau gyda chynrychiolwyr Peniel, Pontlliw, a chytuno y byddai'r alwad i fyfyriwr yn cael ei hestyn yn enw'r ddwy eglwys.

Prin bod angen dweud mai enw'r myfyriwr hynaws a naturiol o'r Coleg Coffa, Gareth Thomas, Llangadog, oedd yn gwbl dderbyniol gan yr aelodau. Ymhen ychydig, estynnwyd yr alwad iddo ac fe'i derbyniodd. Cynhaliwyd y Cyrddau Ordeinio ym mis Medi, 1966, gydag Ebeneser yn orlawn a chyfeillion Gareth *(chwith i'r dde):* **Y Parchg. Trebor Lloyd Evans, Gareth Thomas, Stanley Jones, Tregwyr; T.W. Jenkins, Ystalyfera; Ifor Davies, A.S., Stanley Jones, Birchgrove; Henry Hughes, Penclawdd (Cwrdd Chwarter yn y Tabernacl, Tregwyr, 1968).**

Thomas o bob rhan o Gymru ac o Loegr yn bresennol. 'Roedd naws y cyfarfodydd yn fythgofiadwy a phawb yn edmygu brwdfrydedd ac argyhoeddiad yr ordeiniedig newydd hwn a roes y gorau i'w swydd fras yn y banc er mwyn cyflawni gwaith yr Efengyl.

Treuliodd bum mlynedd yn unig yn ei ofalaeth gyntaf ond cofir amdano yn dyner yn Ebeneser o hyd er iddo'n gadael ym 1971. Fe ddywedir mai un o roddion mwyaf Duw yw coffadwriaeth ac yn sicr 'does dim prinder atgofion am y diweddar Gareth Thomas.

Mae ei ymweliad cyntaf â'n tŷ ni yn glir yn fy meddwl o hyd; pryd o fwyd a thrafodaeth hir, anffurfiol ac agored ynglŷn â'r alwad oddi wrth Ebeneser a Pheniel. O'r funud gyntaf, teimlais fy mod yn siarad â pherson y gallwn ymddiried yn llwyr ynddo ac un a fyddai'n sicr o ennill parch ac edmygedd yr aelodau. Yr oedd yr awyrgylch yn hynod o gyffordus ac o'r noson y tyfodd y cyfeillgarwch dwfn a fu rhyngom ar hyd y blynyddoedd; cofion cynnes am lawer i sgwrs felys yn parhau hyd oriau mân y bore.

Efallai mai nodwedd fwyaf deniadol y cyfaill o Langadog oedd ei allu, nid yn unig i fod yn gyfeillgar, yn yr ystyr arwynebol, gyda phob un o'i gydnabod, ond ei allu i greu'r berthynas brin honno rhwng cyfeillion nad yw amser na newid cylch neu amgylchiadau yn ei thanseilio. Gallwn restru degau o enghreifftiau o'r ochr hon o'i gymeriad, rhai yn ymwneud â mi'n bersonol ac eraill a fyddai'n dangos bod ymrwymiad y ffrind hwn yr un mor dwymgalon i achosion a mudiadau ag oedd i bersonau.

'Roedd Gareth Thomas yn ffrind i'w deulu – i'w briod a'i blant, i'w fam a'i ddiweddar dad, i'w chwiorydd ac ni fu cyfaill mwy brwd i'w Arglwydd nag ef. Fel yr Iesu, y 'Cyfaill a lŷn' oedd y dyn caredig hwn. 'Roedd ei gwrteisi cynhenid a'i ostyngeiddrwydd yn sylfeini i'w lwyddiant i greu a chynnal y rhwydwaith cymhleth o gyfathrebu'n effeithiol â'i aelodau wrth iddo ymgymryd â 'bagad gofalon bugail' ac wrth draethu o'i bulpud.

O gofio'r cyffredinol amdano, cofio hefyd am yr arbennig: ei falchder a'r pleser pan dderbyniodd aelodau newydd am y tro cyntaf, sef pump o ferched ifainc Ebeneser; ei hapusrwydd wrth edrych ymlaen at ei briodas ag Annette; ei lawenydd annisgrifiadwy ar enedigaeth ei blant; ei dristwch o golli ei dad a'i ofal am ei fam. Daw atgofion hefyd am ei garedigrwydd: 'nhad yn wael ac yntau'n dod â brithyll o Afon Tywi iddo; llifogydd o gwmpas Ebeneser a phwy ond Gareth Thomas yn helpu'r bobl leol i ddygymod â'u problemau; aros nos gyda'r claf er mwyn i aelodau'r teulu gael gorffwys.

Hefyd, fe gofir am ei frwdfrydedd dros achos Cymru: cyfnod cyffrous Gwynfor Evans yn ennill sedd Caerfyrddin; buddugoliaeth yn y frwydr dros ail Ysgol Uwchradd Gymraeg yng Ngorllewin Morgannwg; Cymru neu Forgannwg yn ennill ar y maes chwarae.

Nid anghofiodd Gareth Thomas, y pregethwr mawr, am drueiniaid dynoliaeth ychwaith. Cofiwn ei gonsyrn am broblemau'r Trydydd Byd a hefyd ei dosturi dros anffodusion cymdeithas. 'Roedd ganddo galon fawr a charai heddwch a chyfiawnder.

'Doedd neb yn synnu, felly, fod Gareth yn barod i'r her olaf. Nid diwedd sydyn oedd i fod iddo ef. Gyda'i deulu a'i gyfeillion o'i gwmpas fe wynebodd ei ymadawiad â'r byd yn ddewr a heb golli ffydd. Fel y gellid disgwyl, ei unig ofid oedd am y rhai a adawodd ar ei ôl. Coffa amdano a bendith Duw fo ar ei waith bywyd a'i anwyliaid.

GWYN. T. HOWELLS

Lyn Davies, Y Parchg. Gwilym ap Robert, Llew a Nel Thomas, Hywel Richards, Gareth, Annette, Y Parchg. T.A. Williams, Rhiannon Williams, Hettie Williams, Ronald Williams, Mrs. Mary Jenkins, John Thomas, Ann Williams ac Anwen Reece.

Dau emyn a luniwyd gan y Parchedig T.A. Williams ar achlysur priodas ei ferch Annette â'r Parchedig Gareth Thomas

Godre'r Coed

Tydi 'r hwn greaist yn Dy serch
  Bersonau ar Dy lun;
Cyflwynwn eto fab a merch
  I'th 'wyllys Di Dy hun.

Wrth addunedu yma 'nghyd
  I'w gilydd ger Dy fron;
Ar y cyfamod mawr fo'u pryd
  Wrth deithio'r ddaear hon.

Addefwn eto wrth Dy draed
  Nad oes un gallu mwy
Na'th ddwyfol Groes, a'th werthfawr waed
  Yn rym i'w cynnal hwy.

Boed iddynt aros yn Dy waith
  Beth bynnag sydd yn stôr,
Datguddia iddynt ar eu taith
  D'anfeidrol gariad, Iôr.
          Amen

Blaenwern

Awdur pur, pob gwir gyfamod
  Dyro fendith yma'n awr,
Selia'r ddolen hon rhag datod
  Wrth dramwyo llwybrau'r llawr;
Ti a fuost gynt yng Nghana
  Ac yn troi y dŵr yn win,
Rhag pob pryder, dyro yma
  Dy arweiniad pur Dy hun.

Cyfaneddwr y prydferthwch
  Trwy y greadigaeth fawr;
Gwisg hwynt eto yn Dy harddwch
  Fel Dy haul ar doriad gwawr;
Fel y medrant mwy gyd-gerdded
  Uwch treialon ddaw o hyd,
Ffiol lawn, rho iddynt yfed
  Ar eu ffordd i'r Nefol fyd.
          Amen

Hebron Clydach

Hebron, Clydach

Pan ddeallais fod Mr. Thomas wedi mynegi'r dymuniad i mi siarad yn y gwasanaeth coffa rhaid cyfaddef fod iasau o ofn ac arswyd wedi rhedeg drwof wrth ystyried y dasg oedd yn fy wynebu, ac eto roedd yna ffrydiau o lawenydd wrth i mi ystyried y fraint a'r anrhydded ddaeth i'm rhan – yn wir dyma'r fraint fwyaf a ddaeth i'm rhan o gael talu teyrnged i'n hannwyl weinidog, y Parchg. Gareth Thomas. Dwi ddim yn ymddiheuro mod i'n cyfeirio ato fel Mr. Thomas, oherwydd er i ni gydweithio â'n gilydd am yn agos i ddeunaw mlynedd ni chyferchais ef unwaith ond fel Mr. Thomas, ac efallai y credwch fod pellter rhyngom – doedd dim ymhellach o'r gwirionedd, oherwydd roedd ein perthynas yn glos

Diaconiaid Hebron (1976)
Cefn: **John Evans, Ivor Lloyd, David Waghorn, John Hopkins, Jac Harris, Cyril Thomas, Douglas Morgan, Gareth Jones.**
Blaen: **John M. Rees, Tom Howells, D.T. Rees, Gareth Thomas** *(Gweinidog)*, **Mydrim Thomas, Edwin Jackson, Dilys Davies.**

Gorymdaith yr Ysgolion Sul ar y Sulgwyn

a chyfeillgar ar bob achlysur. Roedd yna gyd-ddealltwriaeth a chydweithio bob cam o'r daith.

Y Sul cyn i'w ragflaenydd, y Parchg. Stanley John, gynnal ei wasanaeth olaf yn Hebron, fe grybwyllodd Mr. John enw Mr. Thomas o eglwys Ebenezer, Gorseinon fel olynydd posibl iddo, ac yn wir i chi, o fewn pythefnos, yr oedd Mr. Thomas yn pregethu am y tro cyntaf yn Hebron – y Sul cyntaf yn Ionawr 1971. Rwy'n cofio'r Sul arbennig hwnnw – ymunodd Mr. Thomas â'm dosbarth Ysgol Sul – dosbarth y dynion, ac rown i'n crynu fel deilen oherwydd dyma'r tro cyntaf i mi gymryd dosbarth â gweinidog yn rhan o'r dosbarth. Yn wir, o'r foment honno rown i'n teimlo rhyw agosatrwydd tuag ato barhaodd hyd y diwedd. Wedi'r ymweliad cyntaf â Hebron, daeth cyn-organydd Hebron, y diweddar Llewelyn Davies ataf – 'dyna'r dyn i ni – glywoch chi fe'n canu' – ac fe wireddwyd hyn pan ddechreuodd Mr. Thomas ar ei weinidogaeth yma yn Hebron ar y Sul cyntaf ym Medi 1971 – gweinidogaeth gyfoethog a barhaodd am yn agos i ddeunaw mlynedd, gweinidogaeth rwy'n sicr a fyddai wedi parhau am gyfnod hir eto oni bai am ymyrraeth yr afiechyd a'i trechodd yn y diwedd, ond fe frwydrodd er yr afiechyd i'n harwain gyda brwdfrydedd a diffuantrwydd oedd yn ysbrydoliaeth i ni gyd. Ac eithrio'r cyfnod a dreuliodd yn yr ysbyty rhyw ddwy flynedd ynghynt a'r cyfnod diweddar bu'n gyson yn ei bulpud yn cyhoeddi neges yr Efengyl gydag argyhoeddiad ac arddeliad. Yn ystod ei gyfnod yma yn Hebron rydym yn falch iddo fanteisio ar y cyfleon i ymweld â Gwlad yr Addewid, y Swistir a'r Amerig a dychwelyd

Gareth yn batio i dîm criced Hebron

Nia Jones a Dafydd Thomas gyda Gareth Thomas yn anrhegu Tom Howells ar ôl iddo dderbyn Medal Gee am ei ffyddlondeb i'r Ysgol Sul.

â'r batris wedi eu hatgyfnerthu gan rannu ei brofiadau â ni i gyd.

Ond fe gofiwn amdano â chalonnau diolchgar nid yn unig fel bugail gofalus am ei braidd ond fel cyfaill a fu'n deyrngar i bob un ohonom beth bynnag fo'n problemau. Cofiwn amdano yn torri glo a choed tân i'r oedrannus, cofiwn amdano yn gwibio ar frys i Fangor i nôl un o'n merched ifanc pan oedd ei thad yn sâl, ac yn cael ei stopio gan yr heddlu ger Trawsfynydd am or-yrru! Cofiwn amdano yn gyrru yr holl ffordd i Landrillo-yn-Rhos ger Bae Colwyn i fod yn gefn i ddwy o'n merched ifainc yn wynebu achos llys am iddynt weithredu dros yr iaith Gymraeg. Does dim rhyfedd ein bod ni gyd wedi meddwl y byd ohono. Roedd yr agosatrwydd a'r meddylgarwch yma yn nodweddiadol ohono, ac yn un o'i brif rinweddau fel bugail.

Cofiwn amdano ar dripiau'r Ysgol Sul yn llawn asbri a hwyl ar y traethau – y chwarae criced – roedd e'n arwain y tîm fel y gwnâi wrth ei waith fel gweinidog – ar flaen y gad. Cofiwn am lawer i fatiad a maesu gwefreiddiol hyd nes iddo fethu, ond roedd e'n falch fod y tîm yn parhau. Roedd ffurfio'r tîm wedi llwyddo i uno gwŷr ifainc yr eglwys yn gymdeithas glos – a'r gymdeithas honno yn ail-gwrdd ar y Sul, a phwy nad anghofia giniawau'r tîm criced a'r areithiau difyr ganddo yn cael hwyl am droeon trwstan y tîm.

A beth am y cwmni drama – ymdaflai i'r chwarae gyda

brwdfrydedd – efallai gorfrwdfrydedd yn nhyb y cynhyrchydd – pan fyddai'n adlibio i'r fath raddau nes bod y sgript yn ffaliwch! Do, fe gollais lawer o wallt wrth geisio rheoli'r ymarferion a'r perfformiadau.

Ie'n wir, atgofion hapus a melys sydd gennym am weinidog ffyddlon i Iesu Grist, a chyfaill i bob un ohonom sy'n bresennol. Fe garwn i fel ysgrifennydd ddiolch am barodrwydd y brodyr yn y weinidogaeth i gynnig eu gwasanaeth mor barod, a phan own i'n adrodd hyn wrtho, ac yntau yn ei wendid roedd ei lygaid yn pefrio gan lawenydd gan ddweud 'gwd bois'. Mae'r ymateb rhyfeddol yn profi'n ddigamsyniol y parch a'r edmygedd mawr ohono ymhlith ei gyfoedion a'i gyfeillion.

Ond wrth wahodd y Parchg. Gareth Thomas i'n plith, fe groesawom yn ogystal ei annwyl briod, Annette, ac os cafodd eglwys ddau weithiwr am gyflog un, fe gawsom ni yn Hebron, oherwydd roedd y ddau ohonynt ar y blaen – ym mhob rhyw weithgarwch, ac yn sicr mae ieuenctid a phlant Hebron wedi cael yr arweiniad a'r fagwraeth orau posibl o dan eu gofal hwy. Mae'r plant Elin, Non a Dafydd yn rhan annatod o'n cymdeithas a'u cyfraniadau i oedfaon yr eglwys yn amhrisiadwy.

Yn sicr fe fydd y golled yn fawr – yn yr Hafan, yma yn

Cyflwyno rhodd i'r Prifardd Robat Powell ar ôl iddo ennill Cadair Eisteddfod Genedlaethol Rhyl yn 1985.
Gareth Thomas, Robat a Shelia Powell a John Evans (Ysgrifennydd).

Y Parchedig Gareth Thomas yn llawenhau gyda Helen Roberts (wyres i'r Parchedig J.J. Roberts, un o gyn-weinidogion Hebron) a Geraint James o Drecelyn ar achlysur eu priodas ym 1988.

Hebron – yn y pentref. Roedd pobl heb gysylltiad â Hebron nac unrhyw eglwys arall yn fy holi amdano, sy'n arwydd o'r parch oedd iddo. Gwelir ei eisiau yn rhengoedd y bobl sy'n ymgyrchu dros hybu a lledaenu addysg Gymraeg yn y sir – yn wir roedd yn ddraenen yn ystlys Awdurdod gwrthnysig Gorllewin Morgannwg wrth ymladd dros sefydlu ysgolion Cymraeg. Yn sicr ei ddymuniad fyddai i'r frwydr barhau hyd nes mynd â'r maen i'r wal. Fe welwn eisiau ei chwerthiniad braf, iachus.

Ond mae yna her i ni hefyd yma yn Hebron – y gynulleidfa a fu'n eistedd wrth ei draed o Sul i Sul, ac yn cael ein hatgyfnerthu gan ei draethu ysbrydoledig – am i ni barhau yn ein ffyddlondeb i'r achos fel y bu yntau yn ffyddlon i ni i gyd ac yn arbennig i'w Arglwydd, a'n Harglwydd ni i gyd. Do bu'n was ymroddedig, a chofiwn amdano gyda balchder a llawenydd am gael y fraint o rannu rhan o daith bywyd yn ei gwmni. 'Da was, da a ffyddlon.'

JOHN H. EVANS

Teyrnged yr Ifanc

Pleser o'r mwyaf yw cael y cyfle hwn i fod yn llais i siarad ar ran yr holl blant a phobl ifanc a fu o dan weinidogaeth y diweddar Barchg. Gareth Thomas.

Fel y mynegodd Mr. John Evans yn ei deyrnged, Mr. Thomas oedd ef i ni blant hefyd, ond nid oedd y teitl yma yn meddwl fod pellter rhyngom o gwbl.

Cofiwn ninnau fel plant a fagwyd yn Hebron am helyntion y trip Ysgol Sul, ac wrth gwrs y gêm griced flynyddol ar y traeth. Cofiwn am y troeon y bu inni gerdded strydoedd y pentref adeg y Nadolig dan ganu Carolau o dan ei arweiniad, ac am yr ymweliad blynyddol â chae Sant Helen i wylio'r tan gwyllt. Cofiwn â llawenydd am y nosweithiau y bu inni eu treulio yn y ganolfan hamdden, yn y parc lleol, yn 'Yr Hafan' ac yn festri Hebron – y plant, y bobl ifanc, ac ie, Mr. Thomas.

Dyna sawl esiampl o'i berthynas â phlant a phobl ifanc, ond dim ond braslun o'r stori yw hyn. Ni allaf i nac unrhyw un arall ddweud y cwbl oherwydd fod gennym ni i gyd ein hatgofion melys ein hunain amdano.

Heblaw am yr hwyl a'r sbri, roedd 'na ochr arall i'w gymeriad. Wrth inni i gyd yn ein tro gymryd rhan yn oedfaon y plant ar y Sul, cysurus fyddai clywed ei lais yn diolch yn dawel i bob yr un ohonom am ein cyfraniad wrth inni droi i ddod i lawr o'r pulpud. Cysurus oedd llawer i beth gyda'r gŵr yma. Cysurus yn ei gwmni a chysurus o dan ei arweiniad.

Pan fyddai'n amser canlyniadau'r lefel 'O' ac 'A', a ninnau'n methu penderfynu naill ai i fod yn llawen neu beidio, da fyddai gweld Mr. Thomas wrth y drws yn ein llongyfarch, a theimlwn yn hapus ar ôl iddo adael, wrth iddo ein llonni, os mai da oedd y canlyniadau neu ddrwg.

Gwyddom ein bod yn freintiedig iawn o'i gael i'n gwasanaethu, fel Bugail, fel arweinydd, fel cynghorydd ac fel cyfaill. Doedd pellter nac amser yn cyfri dim iddo. 'Rhaid bod yn barod i wrando . . .' meddai wrthyf rywdro. A bu ei wrandawiad ef yn gysur i lawer dros flynyddoedd ei oes fer.

Dim ond dau air oedd rhaid iddo ddweud wrthym ni blant,

a hynny oedd 'Good Kid'. Os nad oeddech yn blentyn ryw bryd yn ei oes ni fyddech yn gwerthfawrogi'r ddau air yma. Ond, os oeddech, canmoliaeth fawr oeddynt.

    Ond gyda phob cofio, fe ddaw diolch, a diolchwn ninnau amdano ac am y fraint o'i adnabod.

BETI WYN

Yr Ymgyrchwr

'Shw mae Jinks!'
'Sut mae Barchedig!'
'Dal i ennill yr arian 'na gyda'r Bwrdd Dŵr?'
'Odw. Ond byddai'n well 'da fi gael y swydd un-dydd-yr-wythnos sy 'da ti!'
'Hei, 'na pwy weles i'r dydd o'r blân . . .'
Roedd cwrdd â Gareth bob tro yr un fath. Y cyfarchiad safonol; y tynnu coes arferol, ac wedyn trafod busnes yn syth. Dim ond un pwnc oedd i'r sgwrs – yr ymgyrch am ail ysgol gyfun Gymraeg i Orllewin Morgannwg.

Cyn pen rhai munudau, byddai Gareth wedi rhoi gwybod imi am ddatblygiadau diweddar, wedi mynegi ei ddirmyg tuag at gynllwynion gwleidyddol Neuadd y Sir, ac wedi awgrymu tactegau newydd, ac yna, yn ddirybudd, a'i ddwylo yn ei bocedi, ei ysgwyddau'n grwm, y *Western Mail* o dan ei fraich, cyfarchiad 'Hwyl', a byddai wedi mynd. Cyfarfod brys arall, ar sgowt i Neuadd y Sir, neu efallai dro i San Helen i weld y criced.

Gareth Thomas yn annerch y dorf o flaen Neuadd y Sir yn yr ymgyrch o gael ail Ysgol Gyfun i'r Sir. *(o'r 'Western Mail')*

Yn Ysgol Gyfun Ystalyfera yn derbyn rhoddion at elusennau lleol – Mr. Lloyd James y Prifathro sy nesaf at Gareth Thomas.

    A'r fath ymgyrch! Dafydd a Goliath oedd hi am saith mlynedd hir; ond roedd Gareth yn ei elfen. Roedd ganddo'r union anian, llawer o amynedd, hiwmor a huotledd, ac efallai'n bwysicach na dim – ffydd. Ffydd yng nghyfiawnder y frwydr, a ffydd yn ei llwyddiant yn y pen draw.

    I'r cannoedd o rieni, rhieni-cu, ffrindiau a phlant a ymunodd ag ef yn yr ymgyrch, Gareth oedd e yn syml; y Gareth gwladgarol brwd, a'i serch yn ein hiaith yn angerddol, y Gareth diymhongar, y gŵr a'r tad ymroddgar. Ef oedd y dyn i wrando arno, y dyn i'w ddilyn. Ef oedd y dyn 'a wyddai', yr 'asiant-dwbwl' nad oedd yn gweithio ond i un ochr. Gwyddai Agenda'r Pwyllgor Addysg cyn yr Aelodau. Gwyddai dactegau'r cawcws Llafur a'u hergydion gwleidyddol cyn iddyn nhw gael eu chwarae.

    Cafwyd cyfarfodydd di-rif o'r Pwyllgor yn y pencadlys (Angel Chambers), yn dadansoddi, yn dadlau, yn cynllunio. Roedd Gareth bob amser yn gysurus yn ei gadair, yn dawel am gyfnodau hir, ac yna'n cynnig cyngor, neu'r stori wleidyddol ddiweddaraf, neu efallai dim ond jôc. A phe na bai yno am ryw reswm (e.e. yr Elyrch yn chwarae gartref!), yr un fyddai'r sôn o hyd:

    'Beth yw barn Gareth?'

'Gwell inni ffonio Gareth.'

'Ydy Gareth yn dod nes ymlân?'

Roedd yr ymgyrch yn cynnig storïau da i'r teledu, y radio a'r wasg, ac yn ddi-ffael roedd 'Y Parchedig Gareth Thomas' yn rhan ohonyn nhw. Mae ffeiliau'r cofnodion a'r llythyrau yn casglu llwch, a'r atgofion yn edwino, ond mae llawer o'r pethau a ddywedodd ac a wnaeth Gareth yn dal yn glir yn fy meddwl. Dywedai'n aml y byddai'n gorffen cyfarfod yn Angel Chambers â gweddi – mae'n drueni na wnaeth hynny. Mae'n siŵr bod Gareth wedi cynllunio gwneud llawer o bethau eraill, a byddai wedi eu gwneud oni bai fod marwolaeth annhymig wedi dwyn y cyfle oddi arno, a Chymru o'r herwydd ar ei cholled. Rwy'n sicr o un peth – os nad y Gymraeg yw iaith y nefoedd, mae Gareth yn dal i ymgyrchu.

RANDOLPH JENKINS

'Y Graig yn Sownd o dan ei Draed...'

Nos Wener, Mai 5ed, 1989, rown i ar fy ffordd nôl i Gaerdydd o Glydach, ac wedi troi radio'r car ymlaen yr hyn glywes i oedd y geiriau hyn o eiddo un o blant Cwm Tawe –

> Y Graig yn sownd o dan ein traed,
> A chariad at y Cwm yn berwi yn ein gwaed.

Ers hanner awr wedi un y diwrnod hwnnw rown inne wedi bod yn hel atgofion am fachan bach o'r wlad, 'dros y mynydd' i ni o Frynaman, un o Langadog a syrthiodd mewn cariad â Chwm Tawe, a'r prynhawn hwnnw roedd gan eiriau Chiz arwyddocâd arbennig.

> Y Graig yn sownd o dan ein traed,
> A chariad at y Cwm yn berwi yn ein gwaed.

Mae'r rhai gafodd y fraint o weld Gareth Thomas yn dod i delerau â'i afiechyd mor gwbwl fuddugoliaethus dros ddwy flynedd, yn gwybod mor gadarn fu'r Graig o dan ei draed, ac mor loyw oedd ei dystiolaeth hyd yn oed yn ei wendid. Fe fynnodd deithio i fannau na ddylai fod wedi mynd iddyn nhw, fe fynnodd gario mlaen i bwyllgora, i frwydro, i ddadlau, i ennill a cholli.

Fe ges i oriau maith o'i gwmni mewn car yn teithio i wahanol bwyllgorau. Fe fydde fe wastod wedi paratoi cyn troi mas. Trin a thrafod ar y ffordd – ceisio rhagweld tacteg, beth fydde agwedd hwn a hwn, yn arbennig y rhai na fydde dyn ddim yn siŵr iawn o'u pyls! Gwybod yn iawn beth fydde agwedd eraill – fydde nhw byth yn newid! Cyrraedd a phwyllgora. Ennill ambell ddadl, colli dro arall. Ar y ffordd nôl, ein dau yn melltithio ambell un, rhegi un arall i'r cymyle, bod yn falch o gefnogaeth, cael siom ar dro. OND BYTH CHWERWEDD. BYTH DICHELL.

Ac wrth fynd mas o'r car – 'Dal i gredu!' Ac fe wnaeth – hyd y diwedd.

Fe fu'n ffyddlon iawn i bob pwyllgor y codwyd e arno. Doedd e ddim yn gallu deall y rheini roedd pobl wedi gofyn iddyn nhw wasanaethu ar bwyllgor, neu i fynychu cyfarfod fel cynrychiolwyr – a wedyn yn peidio troi lan. Fe ddaeth i

Aberystwyth, pan ddylse fe fod wedi aros gartre . . . fe eisteddodd ar fainc galed mewn festri, pan oedd hynny yn artaith iddo. Ond fe fydd ei gyfraniad ar y pwyllgorau a'r cyfarfodydd ynglŷn â'r Undeb a'r Coleg Diwinyddol am flynyddoedd i ddod yn aros yn werthfawr i bawb ohonom ni.

Ar Bwyllgor Addysg Gorllewin Morgannwg lle bu'n gynrychiolydd heb-ei-ail ar ran yr eglwysi rhyddion, fe ddysgodd am gynllwynion pwyllgora – a'u defnyddio wedyn ei hunan yn ystrywgar mewn mannau eraill heb i neb sylweddoli hynny! Fe fynnodd fod yn lladmerydd dros y Gymraeg a Chyfiawnder ar y pwyllgor hwnnw yn wyneb gwrthwynebiad, ac fe enillodd gefnogaeth rhai annhebygol oherwydd ei safiadau a'i gadernid. Gwnaeth yn siŵr fod buddiannau Ysgolion Cymraeg y cwm yn cael eu diogelu, ac roedd wedi edrych ymlaen at dymor o wasanaeth fel Llywodraethwr. Y GRAIG YN SOWND O DAN EI DRAED A CHARIAD AT Y CWM YN BERWI YN EI WAED.

Byddwn yn mentro awgrymu mai un o ddyddie mawr ei fywyd oedd Dydd Mercher Undeb Caerdydd ym mis Mehefin 1984. Rown i wedi clywed am y bregeth roedd e am ei thraddodi yn yr Undeb sbel cyn hynny. (Fe fydde chi'n dueddol **o** glywed am ambell bregeth o'i eiddo, – p'un ai oech chi eisie ai peidio!). Roedd 'na daith i Fryste wedi bod i'r siope llyfre wrth y Brifysgol i chwilio am ddeunydd darllen, roedd o wedi methu cael y gyfrol oedd e'n chwilio amdani yn y fanno, ond fe'i cafodd un mis Mai draw yn Minneapolis pan aeth ar ymweliad â'r ddinas honno i ymweld a Viv. A stori arall yw honno!

Ond rhwng popeth fe ddaeth PREGETH Y JIWBILI i fod. Pregeth sy'n cynnwys yr agenda ar gyfer Cymru ac fe fwynhaodd bregethu'r bregeth honno.

Ond fe fydd y rhai ohonon ni oedd yn Undeb Caerdydd yn cofio falle mai yn y pen draw, nid yn gymaint traddodi'r bregeth honno roddodd y boddhad mwyaf iddo y diwrnod hwnnw, ond ennill cefnogaeth dros benderfyniad Achos y Glowyr: *'Gan gofio ein bod fel enwad yn ystyried ein cyfrifoldeb tuag at ein cyd-ddyn a'n cymdeithas yn rhan annatod o'n tystiolaeth Gristnogol, y mae'r gynhadledd hon yn dymuno datgan ei chydymdeimlad ag achos y glöwr yn yr anghydfod presennol. Mae'r glöwr wedi cyfrannu'n helaeth i fywyd eglwysig, diwylliannol a diwydiannol ein gwlad. Gan fod cau pyllau glo yn chwalu ac yn gwanychu cymdeithasau cyfan, teimlwn ei bod yn ofynnol arnom i ymboeni am argyfwng presennol y glöwr.*' Ac yn anarferol i gofnodion yr Undeb, mae'r Cofnodydd yn dweud – 'Bu trafod brwd arno ac o'i roi i bleidlais cafwyd 61 o'i blaid; 17 yn erbyn, a 6 yn atal eu pleidleisiau.'

I Gareth, un o dasgau'r eglwys oedd nabod y tlawd a'r difreintiedig, a sefyll ysgwydd wrth ysgwydd â hwy i fod yn Newyddion Da Duw iddyn nhw. Yn ystod ei gyfnod fel Cadeirydd Pwyllgor Materion Cymdeithasol Undeb yr Annibynwyr Cymraeg fe'u nododd i ni – y di-waith, dioddefwyr o'r clefyd Aids, yr esgymun, y Cymry Cymraeg, Cefn Gwlad . . . Ac yn y safiadau hyn fe enillodd ein parch a'n hedmygedd I GYD – cytuno ag e neu beidio! Nid yn unig am iddo fod yn ddigon dewr i enwi tlodion a gwneud safiadau drostyn nhw a gyda nhw – ond am iddo fe'i hunan eu caru. Fel y carodd e bawb ohonom ni gafodd ein cyfrif yn ffrindiau iddo a dangos ei gonsyrn tuag atom. Y GRAIG YN SOWND O DAN EI DRAED A CHARIAD AT Y CWM YN BERWI YN EI WAED.

Cofiwch chi roedd ei waed yn gallu berwi mewn ffordd arall hefyd. Gwelodd y Strade a'r Stadiwm Genedlaethol golli ei lais. Mae pysgod y Sawdde yn saffach. Aeth San Helen a Safle'r Eisteddfod Genedlaethol yn dlotach.

Un o'i ofnau mawr oedd mynd yn hen, ac oherwydd yr hen aflwydd fel bydde fe'n dweud, mynd yn boen a gofal i eraill. Chafodd e ddim bod yn boen i neb. Ond fe gafodd e ofal – diolch i'w deulu ac eraill fu'n ymgeledd iddo. Fe'n dysgodd hyd y diwedd, ac fe'i defnyddiwyd e yn ei wendid i fod yn dyst. Fe glodd e Bregeth y Jiwbilî fel hyn: 'Wrth fentro cerdded i'n hyfory gyda gobaith yn ein cynnal, rydyn ni'n cael ein galw yn ôl Mortimer Arias "to evoke, to provoke, and to try temporary and partial jubilees, 'moments of justice', in the church and in society". Hyd y gwela i medde Gareth, dyma'n cenhadaeth ni. Ac fe gyflawnodd e'r genhadaeth honno. Fe ddiogelodd fomentau o gyfiawnder yn yr eglwys ac yn y gymdeithas, achos wedi'r cyfan, iddo fe doedd dim ffin rhwng y ddau fyd. Roedd y cyfan yn perthyn i Fyd Duw. Y GRAIG YN SOWN O DAN EI DRAED A CHARIAD AT Y CWM YN BERWI YN EI WAED.

Y GRAIG fel roedd hi yn Efengyl Iesu Grist oedd sail HOLL

fywyd a gwaith Gareth. Hynny roddodd y dimensiwn ehangach i'w weinidogaeth; i'w berthynas â'i gyd-ddyn yn ei ofal a'i gonsyrn drosto; i'w gariad at ei deulu a'i gyfeillion.

Dyna roddodd ehangder i'w orwelion, a dyna rannodd e â ni i gyd. Mae Tegla mewn ysgrif yn adrodd am 'hen of a weithiai mewn efail fach, gyfyng, heb un to iddi. Galwodd gŵr, yn llawn o fombast y byd hwn heibio ar neges. Prin y gallai gyfyngu ei hun o fewn y pedwar mur, a dywedodd yn ddirmygus – 'Mae'ch lle chi'n gyfyng ryfeddol onid yw?'

'Ydyw,' medde'r Gof – 'OND BETH FEDDYLIWCH CHI O'R HEDRWM?'

Ym mywyd Gareth Thomas fe gawsom gip ar y math HWNNW o ehangder.

MEURWYN WILLIAMS

Gŵr y Cryse Coch – Gŵr Dangos 'i Ochr

Ro'dd byd y campe yn agos at Tomos. Ro'dd 'i agwedd at y campe yn gwmws fel 'i agwedd at fywyd yn gyffredinol – fel chwaraewr ac fel cefnogwr, dim ond un ffordd oedd gweithredu, sef gant y cant. Fel 'na o'dd byw bywyd i Tomos, gant y cant.

Brynhawn Sadwrn ychydig ar ôl un o'r gloch fe fydde'r ffôn yn canu yn tŷ ni yn Ynystawe. Y bechgyn fel corws yn gweiddi 'Dad, i ti mae e.' Do'dd dim ishe gofyn pwy o'dd 'na. 'Shwd wyt ti Jones. Pryd ti'n gadael y tŷ?' Y ddefod Sadyrnol, y bererindod i'r Strade.

Nid taith i weld gêm yn unig oedd hon, ond digwyddiad cymdeithasol, cyfle i wrando ar Gareth yn rhoi'r byd yn 'i le, ac wedi cyrraedd y stadiwm, cyfle i weld a chlywed dwsinau o bobol yn 'i gyfarch – cyfeillion o'i fro enedigol, nifer o gyd-weinidogion, cyd-weithwyr o'i gyfnod yn y banc, cyd-chwaraewr o'i ddyddiau fel asgellwr i Lanymddyfri ac Aberystwyth, a llu o edmygwyr oedd yn gwerthfawrogi brwydr Gareth dros addysg Gymraeg yng Ngorllewin Morgannwg. Oedd, roedd cylchoedd ar ben cylchoedd o gydnabod, a phob un ohonynt yn ystyried Tomos yn gyfaill. Er yn bod ni yn gwneud ymdrech i gyrraedd y Strade mewn da o bryd i gael lle yn yr eisteddle, ar 'i draed y bydde Gareth yn treulio y rhan fwya o'r prynhawn. 'Dere mla'n Carwyn bach, dangosa di iddyn nhw' – wedi'r cwbwl, crwtyn o Langadog oedd Carwyn Davies, ac yn haeddu ychydig mwy o gefnogaeth. Roedd y mentrus yn cael cefnogaeth lwyr. Gweld Martin Gravelle yn penderfynu rhedeg o'i linell gais 'i hun yn derbyn cefnogaeth, hyd yn oed os yn methu – roedd apêl yn y mentro, ac heb os, fe wnaeth Gareth fentro llawer yn ystod 'i fywyd. Dyna farc o'i fawredd. Doedd ganddo ddim ofn herio'r sefydliad, doedd ganddo ddim ofn wynebu cynghorwyr Gorllewin Morgannwg na Chyfarwyddwr Addysg. Roedd Gareth yn barod i ymuno â'r picedwyr tu allan i waith glo Abernant am bedwar o'r gloch y bore. Ro'dd e'n barod i ddangos 'i ochor ar bob achlysur!

Cofio treulio pythefnos wefreiddiol yn 'i gwmni yn teithio drwy Israel, a chael sioc wrth 'i weld yn defnyddio'i Feibl fel llyfr teithio drwy wlad y Shalom. Tri ohonom yn teithio, Gareth yn Gristion i'r carn, Ranhan Macarov yn Iddew, a minne yn dipyn o sgeptig. Wna i ddim anghofio treulio bore cyfan yn crwydro Ucheldir y Golan ynghanol olion rhyfel a brwydro erchyll, cyn disgyn i lannau Môr Galilea a lleoliad y Bregeth ar y Mynydd – a Gareth yn troi at 'i Feibl a'r Gwynfydau. Profiad ysgytwol a dweud y lleia. I'r rhai fu'n gwrando ar 'i gyfres o Israel ar Radio Cymru, fe gofiwch i 'Wlad y Gwewyr' fod yn gofnod o argraffiadau Gareth o'r daith. Bu'r profiad yn un real iddo, ac yn un, os oedd angen hynny, a wnaeth gadarnhau nifer o'i safbwyntiau.

Cofio treulio prynhawniau yn 'i gwmni yn Ystradfellte, yn gwrando ar rai o'i straeon pysgota; ar ben y Gwrhyd uwchlaw Rhiwfawr, yn gwrando arno yn sôn am anghydffurfiaeth yn lledu drwy'r ardal. Cofio'r teithiau cerdded hynny i godi arian i Gymorth Cristnogol, a chael boddhad wrth wrando ar 'i ddawn dweud.

Yn fwy na dim, cofio'r oriau lawer ar yr aelwyd yn rhannu cwmniaeth ddifyr tan oriau mân y bore. Wn i ddim sawl tro y bu'n rhaid i Annette ffonio tua hanner nos i ofyn:

Ydy Gareth 'da chi?

Ody.

'Na fe te, man a man i fi fynd i 'ngwely!

Fe gofia'i am gyfaill agos, am gynghorwr heb'i ail, ac am gymwynaswr na fu 'i debyg. Anrhydedd oedd bod yn ffrind i Gareth, a thrwy hynny i Annette, Elin, Non a Dafydd. Mae'r atgofion yn drysorau bob un.

LYN T. JONES

Gareth Thomas

Flynyddoedd yn ôl, ysgrifennodd Prifathro Coleg y Bedyddwyr ym Mangor ar y pryd am arfer y cyhuddwyd gweinidogion ohono weithiau – 'rhoi pobl yn y nefoedd' yn eu hangladd. Un o gymhellion gwreiddiol y tueddfryd hwn, meddai Eirwyn Morgan, oedd y dymuniad i ddelfrydu cymeriad yr hwn a fu farw, er mwyn ysbrydoli'r gwrandawyr i fyw'n well.

Ond yng nghymeriad ambell un, daeth delfryd a bywyd bob dydd yn ddigon clos i beri i rai a'i hadnabu ofyn, beth oedd yn mynd ymlaen yn yr union enaid hwn – gan gofio, efallai, fod 'more theology to be quarried from the heart of a saint than from all the books on theology.'

'Does neb heb ei fai, wrth gwrs, ond haws dweud hynny na nodi bai sylweddol yng ngwneuthuriad ambell berson dethol. 'Roeddwn i'n adnabod Gareth Thomas yn dda iawn. Nid oes arnaf angen credu nad oedd fawr o'i le arno, ac fe allaf finnau weld beiau ym mhobl eraill gyda'r gorau. Eto, er i mi fynd dros fy ymwneud i ag ef yn fân ac yn aml yr wythnosau diwethaf hyn, nid oes dim cof gennyf i mi erioed gael fy siomi yn Gareth.

Fe dybiwn i iddo ddod i mewn i'r byd yma heb yr un o'r trafferthion – cenfigen, dyweder, neu gyndynrwydd, neu uchelgais afiach – y bydd eraill ohonom yn ymgodymu â nhw ar hyd ein hoes, ac yn sicr, gyda Nansi a Beryl ei chwiorydd, ni ddigwyddodd dim iddo ar yr aelwyd yn Llangadog y maged ef arni y bu rhaid iddo fynd ati i'w ddatod yn nes ymlaen. Ni wnaeth Llew a Nell Thomas ei rieni gwylaidd ddim ond daioni iddo erioed.

Ni bu rhaid i Gareth felly dreulio mwy na mwy o'i amser a'i egni'n tîn-droi o gwmpas Gareth Thomas. Yr oedd yn rhydd i ddewis i ble y cyfeiriai ei egnïon, a'r hyn y rhoddodd ei fryd arno oedd – bywyd i gyd.

Criced ar y comin yn Llangadog, a chodi tîm yn Hebron. Cyn mynd i'r coleg bu'n gweithio am dymor mewn banc yn Aberystwyth, a chwaraeodd i Glwb Rygbi Aberystwyth. Pan adawodd y clwb cyflwynwyd tarian iddo am mai efe ar y pryd oedd yr asgellwr a oedd wedi sgorio fwyaf o geisiadau i'r clwb erioed. 'Roedd Morgannwg a San Helen, y Swans, a'r Scarlets wedi bod ar ei agenda ers ei blentyndod, a daliodd ati i fod yn gefnogwr iddynt i gyd. ('Rwy'n cofio cerdded gydag ef yn fuddugoliaethus ein dau o'r Strade y prynhawn y curodd Carwyn yr 'All Blacks' yno eto!) A physgota yn y Brân a'r Sawdde – er weithiau dim ond ei draed fyddai yn y Sawdde, byddai'r lein yn y Tywi.

Ond yr opera hefyd. Fe safai ar ei draed yn y 'gods' yn y Grand yn Abertawe o ddechrau'r perfformiad hyd y diwedd i gael gweld Aida neu Tosca – ac o am gael gweld eto y wên iach ar ei wyneb pan gynigiais docyn iddo un tro i gyngerdd yr oedd Placido Domingo yn canu ynddo. Miwsig clasurol – Brahms, Beethoven – oedd un o'i gysuron yn yr ysbyty.

Eithr i wasanaethu y dewisodd ddefnyddio ei egnïon yn anad dim, ac yn bennaf drwy fod yn weinidog. 'Roedd yn gymwynaswr heb ei ail ac nid i aelodau ei eglwys ef ei hun yn unig ond i aelodau capeli eraill yn y cylch a oedd heb weinidog.

Yr unig ddyn 'rwy'n eiddigeddus ohono, meddai unwaith, yw'r dyn sy'n gwybod mwy na fi. Ond 'roedd ef ei hunan yn ddarllenwr eang ac i bwrpas, ac roedd ganddo feddwl y gwyddai y gallai ymddiried ynddo fel nad oedd arno ddim ofn mynd i'r afael yn afieithus â'r mwyaf dysgedig. Yr oedd wedi hen sylweddoli hefyd y gallai meddyliau a gafodd fwy o addysg ffurfiol nag a gawsai ef fod yn gaeth i bethau heblaw ffeithiau a rhesymeg. Mewn llyfr ar esblygiad ysgrifennodd yr athronydd Antony Flew am Darwin, 'Never is he more eager to sell his own product than to discover – let the chips fall where they may – what actually is the case.' Rhan fawr o gryfder Gareth mewn perthynas bersonol ac mewn pwyllgor ac yn y pulpud oedd fod hynny'n wir amdano ef bob amser.

Ac 'roedd anian creu cymdeithas yn gryf ynddo. Mewn cyfnod pan mai arafu dirywiad oedd y gorau y gallai rhai ohonom ni ymgyrraedd ato yn y weinidogaeth, yr oedd Gareth gam a cham yn adeiladu eglwys, a'r pennaf peth o'i blaid oedd ei berson ef ei hun. Y gwir yw nad pob gweinidog hyd yn oed sy'n mwynhau'n fawr iawn bobl yn gyffredinol, ond yr oedd hynny'n wir am Gareth. Ar ben hynny yr oedd yn ymroddgar, ac yn ddidwyll, ac yn ofalgar. Nid ofnai neb ond yr oedd yn barchus o bawb. Medrai ddal ei dir neu fod yn ystwyth yn ôl yr angen. Nid oedd ei well yn yr hollfyd am gadw cyfrinach, a ffrindiau iddo oedd yr aelodau i gyd, hen ac ifanc, gwŷr a gwragedd, bonedd a gwreng.

Ymestyniad o'i weinidogaeth mewn eglwys leol oedd ei aelodaeth o bwyllgorau a chomisiynau enwadol a chydenwadol, ac ymestyniad o'i weinidogaeth mewn eglwys Gymraeg oedd ei ymdrechion i greu ac i gynnal ysgolion Cymraeg. Yn y bydoedd hyn, pe câi ei anafu, ymatebai'n agored ac yn lân os oedd modd, ac onide, cadw'i gyngor iddo'i hun a wnâi. Nid oedd dim bach na chas ynddo.

A thrwy'r cyfan ei ymlyniad wrth fywyd. Nid 'homo religiosus' yw'r Cristion, meddai Bonhoeffer, nid person sy'n ceisio gwneud dim ohono'i hun, nid person sy'n ceisio gwneud dyn da ohono'i hun hyd yn oed, ond rhywun sy'n ymdaflu ei hun mewn ffydd i ganol bywyd â'i her a'i broblemau. Hynny a wnâi Gareth. Nid ym manion y gyfraith yr oedd ei ddiddordeb ond mewn sylwedd, a gwyddai'r gwahaniaeth rhwng sylwedd a ffurf. Nid llunio pregeth y gellid ei galw hi'n 'chi' a wnaeth ar gyfer Undeb Caerdydd ym 1985 ond ceisio dweud rhywbeth. Yr oedd yn mwynhau'r llon ac yn barod i wynebu'r lleddf. Deallai taw llif yw bywyd, rhywbeth sy'n hyblyg ac yn symud, ac yr oedd ganddo glust fain at elynion bywyd, at surni, at yr hyn sy'n ffug, at anonestrwydd. Newydd orffen darllen erthygl mewn cylchgrawn yr oedd, un o'r troeon diwethaf i mi ei weld: 'Mae tipyn o surni yn yr erthygl yna 'rwy'n ofni,' meddai. Nid oedd Gareth fyth yn cael ei dwyllo gan neb na dim.

Daeth iddo brofiadau i ddyfnhau ei ddeall o'i ffydd ac i gryfhau ei afael arni. Yn y saith degau aeth i gynhadledd yn Bossey, ger Genefa. Cynhadledd oedd hi ar gyfer rhyw chwe deg o arweinwyr eglwysig Y Trydydd Byd. Ni roddwyd lle ynddi ond i ddyrnaid o weinidogion o Ewrob ond yr oedd ef yn un o'r rheini, a thros y pythefnos hwnnw y crisialodd Gareth ei ddiwinyddiaeth bersonol ef ei hun.

Diwrnod cyn diwedd y gynhadledd, dywedodd dyn o'r Ariannin wrtho ei fod ef yn dychwelyd adref drannoeth, ac ychwanegodd fod y gŵr diwethaf o'r Ariannin a aeth i gynhadledd fel honno wedi glanio'n ôl ym maes awyr Buenos Aires yn ddiogel, ond nad oedd neb wedi clywed na siw na miw amdano fyth wedyn.

'Dyna,' meddai Gareth, 'pryd dysgais i yn fy nghalon nad ffaith yn hanes y byd yn unig yw'r groes.'

O'r adeg honno ymlaen yr oedd gan Gareth enwau a wynebau i'w rhoi wrth wledydd pellennig, fel y byddai elfen bersonol yn ei gonsyrn dros yr hyn a oedd yn digwydd mewn lle mor anghysbell â Chile.

Cryfhaodd ei ffydd hyd y diwedd. 'Wyt ti'n gwybod' meddai ryw wythnos cyn ei farw, 'pan fyddi di'n edrych 'nôl' ar dy fywyd, a mesur dy ddyled i hwn a hon a'r llall, 'does fawr o ddim yn weddill wedyn, gras yw e' i gyd bron.' (Cael Gwynfor yn athro Ysgol Sul pan oedd e'n llanc oedd rhan dawel o'r gras yna iddo.)

Bu'r blynyddoedd diwethaf yn anodd a'r gaeaf diwethaf hwn, fel gaeaf Rowland Hughes, mor hir. Ac ni ddaeth rhyfeddod gwanwyn a'r gwrid yn ôl i wedd Gareth chwaith.

Mae llu o bethau'n agor y llif-ddorau y dyddiau noeth hyn – yn ein tŷ ni ar y Rhos yng Nghwm Tawe, y gadair siglo yr eisteddai ef ynddi yn amlach nag a wnawn i, a'r clustfeinio ofer am y car a gyrhaeddai mor gynnar ag yr oedd yn rhesymol pan ddeuwn i adref ar fy nhro. Ond rhoddodd ei droed ym Minneapolis hefyd, ac mae carped a osododd ef ar lawr balconi'r fflat yma yn dyst o hynny. Pam Arglwydd y gwnaethost gymeriad mor braf, a rhoi iddo yrfa mor fer?

Ond gam a cham y mae realiti bywyd Gareth ei hun yn adennill ei dir. 'Roedd tipyn o 'mileage' ar gloc ei fywyd – bu fyw mwy mewn agos i hanner can mlynedd nag a wnaeth rhai a fu fyw tan iddynt gyrraedd y cant. Ac fe ddywedodd yn ddigamsyniol wrthym pwy oedd Gareth Thomas. Dywedodd hynny wrthym yn ei farw yn ogystal ag yn ei fyw.

Rhywbeth a wnawn ni yw marw, meddai Heidegger, yn ogystal â rhywbeth sy'n digwydd i ni. 'Shwd wyt ti?' oedd fy nghwestiwn cyntaf i Gareth y tro cyntaf i mi ei weld wedi iddo glywed nad oedd dim dod iddo mwyach. Cwestiwn agored, ond dewisodd ateb yn benodol iawn. 'Wel, fel weda' wrthyt ti gymaint â hyn, 'does dim ofn o gwbl arna i.' Ac nid gair ofnus oedd ei air olaf, ond gair o ddiolch.

Bydd yna weld ei eisiau yn Hebron, eglwys yr oedd mor falch ohoni. Bydd yna weld ei eisiau yng Nghwm Tawe. Yr oedd wedi datblygu'n lladmerydd cryf dros addysg ddwyieithog yno, ac yn

Blaen: **Mabon ap Gwynfor, Dafydd Gareth Thomas**
Cefn: **Non, Elin ac Annette Thomas, Sian a Guto Prys ap Gwynfor a Heledd**

y broses wedi ennill parch rhai gwleidyddion hirben nad oedd addysg ddwyieithog yn ddim gofal iddynt hwy. A bydd ei gyfeillion mynwesol yn gweld eisiau ei ofal manwl drostynt a'i rannu bywiog o'i ysbryd diddichell.

Ac fe wêl ei deulu y golled. Mab-yng-nghyfraith diflino ei deithio, a brawd cadarn. Gwerthfawrogai'n ddwfn y modd y trafododd 'Eleanor' ei fam weddw y newydd nad oedd dim dod i'w hunig fab. A'i obaith dros Elin a Non a Dafydd, ei blant difyr, oedd am iddynt gael 'cystal bywyd ag yr ydwy i wedi ei gael.'

Aeth y berthynas rhwng Gareth ac Annette y blynyddoedd a'r misoedd a'r wythnosau diwethaf yn dir rhy gysegredig i neb o'r tu allan i droedio arno, namyn dweud, efallai, fod ymddygiad anhunanol Annette drwy dreialon cyfnod caled wedi rhoi rhwydd hynt i bawb i ganolbwyntio ar Gareth. Gallwn atgoffa'n hunain yn ddwys hefyd, mae'n siŵr, mai iddi hi yr oedd y gair olaf yna o ddiolch.

Cymro naturiol o Langadog a oedd yn ddinesydd byd. Gweinidog a thylwythyn a chyfaill nad oedd mo'i well. Ond yn fwy na dim, calon lân, sydd weithiau wedi'n mesur ni, weithiau wedi'n cysuro ni, ac weithiau wedi'n herio a'n hysbrydoli ni. Glendid a gyffyrddodd â dyfnderau ynom na fydd pawb yn eu cyrraedd, a glendid sy'n gyrru dychymyg rhai o'i gymdeithion nawr i ymgodymu'n daerach â'r byd anweledig, ac i geisio rhoi llawnach lle i'w werthoedd yn eu bywyd bob dydd hwythau.

    Un dreng yw'r lleidr angau . . .
    Daw i ddwyn o'n byd ei dda,
    A dwyn enaid uniona.

Gwae ni o golli Gareth, ond gwynnach ein byd ni o'i gael o gwbl.

VIVIAN JONES
(o'r 'Tyst')

Munudau o Gyfiawnder

i Elin, i gofio am ddewrder dy dad

Pan fyddo haul cyfiawnder
Yn t'wynnu o'r uchelder,
Cer mas i ga'l ychydig liw,
A Duw a rydd it' hyder.

Â hyder, cer i herio
Pob gormes sy'n ein blino;
Ni ddaw rhyddhad i'n hiaith a'n tir
Heb antur hir a mentro.

Rhaid mentro codi gwyrchyn
Nes delo mwy i'th ganlyn;
Y nod yw dathlu Jiwbilî –
Unioni cam y gelyn.

Tri gelyn rhaid wynebu –
Afiechyd, trais a thlodi;
I drechu'r rhain gwna d'orau glas,
Cei ras i ddal i gredu.

Yn sgil dy gred a'th bader,
Ei 'wyllys Ef a wneler,
A thrwy dy waith fe geir yn glau
Funudau o gyfiawnder.
Heini Gruffudd

Carreg goffa ym mynwent Llangadog

Gareth (1940-1989)

A Gareth 'nawr yn gorwedd – hwn a fu'n
    Llawn o fynd di-lesgedd,
    Inni y mae anhunedd
Mae 'na boen a hwn mewn bedd.

Dawn i weled doniolwch – Duw a ŵyr
    Oedd da hwn nid tristwch;
    Hefyd roedd 'na ddifrifwch,
Ei ddoniau drud oedd yn drwch.

Anniddig yw y Sawdde – San Helen
    Sy'n wylo y dagre
    Oerfel sy 'Mharc yr Arfe
Hyll faich yw ei golli fe.

Gareth sydd fwy na'n geiriau – y Gareth
    Gwrol hyd at angau,
    Yn hoff iawn, gwnawn ei goffáu,
Gareth, ein cyfaill gorau.
                        Aled Gwyn

Hebron

(ymateb i'r newyddion am farwolaeth Gareth Thomas)

Mari Watkin